アラン・グッゲンビュール 著
桑原知子 監修
アランプロジェクト 訳

子どもが変わる！クラスが変わる！

グループワーク〈ミソドラマ〉で子どもの心の声を聴く

創元社

Problem Solving in the Classroom
by Allan Guggenbühl
© 2012 Allan Guggenbühl
All Rights Reserved.

本書の日本語版翻訳権は、株式会社創元社がこれを保有する。
本書の一部あるいは全部についていかなる形においても
出版社の許可なくこれを使用・転載することを禁止する。

はじめに
～解説～

桑原知子

1) 教師の仕事の「しんどさ」

　教師という仕事は、昔も今もとてもやりがいのある、大切な職業だと思います。なぜなら、私たちの「未来」である子どもたちを育てる仕事なのですから。

　けれども最近では、教師の仕事はもっぱら「しんどい」ものと感じている教師もとても多いのも事実です。言うことを聞かない子どもたち、わけのわからない言動をする子どもたち、クレームを言ってくる親、日々増え続ける雑用を含む仕事の数々。そうした、一筋縄ではいかない仕事に押しつぶされて、次第に、自分はほんとうに役にたっているのだろうか、子どもたちに信頼されていないのではないだろうか、と考え込むうちに、ますます「しんどさ」は増していくように思います。

　そうした中、もっぱら子どもたちの心の問題に関わる仕事をするために、スクールカウンセラー（学校臨床心理士）が配置される

ようになりました。これによって、不登校や発達障害を抱える子どもたちへの対応について、専門的な立場から関わる人たちが学校現場に入るようになったのです。文部科学省は、「チーム学校」という考えのもと、それぞれの職種が専門的な立場から学校現場でその役割を果たし、「チーム」を組んで子どもたちに接していくようにと、方針を定めました。

　この方針は、一見すっきりとしていますが、実際には、そう簡単なことではありません。子どもの問題に「ここまで」と線を引くことなどできないからです。子どものほうだって、これはスクールカウンセラーに、これは教師に、などと区別をしているわけではありません。教師の「教えること」の中には、知識だけではなく、当然心の問題も含まれているのです。

2）教師の役割

　では、教師はどのような役割を果たすべきなのでしょうか？特に、スクールカウンセラーなどの心の専門家と違って、何をすべきなのか、また、教師が心の問題や教育に関わるためにはどのようにすればいいのでしょうか？

　ここではっきりとさせておきたいのは、教師はあくまで教師だ、ということです。教師としての誇りを失わず、その役目を果たしていただきたいと、私は思っています。

　私自身は臨床心理士であり、スクールカウンセラーの制度が試

みに始められた初年度に学校現場で仕事をしました。そのときに感じたのは、先生という仕事のすばらしさとその独自性です。教師は、心の問題を含むさまざまな仕事に取り組んでおられて、とてもたいへんですが、臨床心理士ではなく教師にしかできない仕事をしておられると思ったし、そのやり方にも専門性を感じました。それゆえに、教師には教師としての「自負」を持っていただきたいと思うようになったのです。

　しかし、それに加えて、心の問題にも関わらなくてはならない。そして、難しいのは、教師的な対応とカウンセラー的な対応とがしばしば矛盾するということです。不登校を例にとってみると、学校へ来させることを目的とする教師的側面と、必ずしも学校へ来ることを第一の目標としないカウンセラー的態度との、矛盾する二側面を、自分自身の心の中に抱えなくてはならないのです。

　この二律背反を自分の中の葛藤として抱えることは、その「意味」がわかっていないとしんどいだけに終わってしまい、徒労感につながっていきます。

　そこで私は、なんとか先生たちが元気になってくださる方法はないか、教師が教師としての自負を保ったまま、カウンセリング的視点を持ってくださる方法はないかと模索してきました。つまり、教師が持ちうる「カウンセリング・マインド」あるいは、教師ができる「カウンセリング・アプローチ」を考えてきたのです（拙著『教室で生かすカウンセリング・マインド』『教室で生かすカウンセリング・アプローチ』いずれも日本評論社参照）。

3) 教師ができる「カウンセリング・アプローチ」

　カウンセリングにはさまざまな「枠」とよばれる決め事があり、時間や場所などはその中でも重要なものの一つです。いつ何時でも話を聴くということは普通しませんし、喫茶店などの場所で話を聴くことも一般にはしません。しかし、学校現場となると、そんな「枠」を守ることは難しく、急に相談を受けなくてはならないことも、相談室ではなく廊下で話を聴くことになることも多いでしょう。

　つまり、学校現場で、カウンセリングの「技法」を使うことは困難だということです。多くの教師が、カウンセリングの「やり方」を学びたいと思われていますが、講座や本を通じてカウンセリングの技法を学んだとしても、それを学校現場で直接「使う」ことはなかなか難しいのです。これは、カウンセラーである私自身が、実際、学校現場で感じたことでした。

　では、カウンセリングの何が使えるのか。使えるのは、カウンセリングの「エッセンス」だと私は思っています。ならば、カウンセリングの「エッセンス」とは何か。

　それは、カウンセリングの持つ「視点」、あるいは、「ものの考え方」のようなものではないかと私は思っています。カウンセリングでは、相手を「人間」として尊重します。たとえ相手が子どもであったとしても、一人前の人間としてその主体性を尊重し、

大人が「操作」することで望む方向に導くのではなく、あくまで当人の意志に寄り添っていきます。

　また、学級のような集団の中でも、「均一性」を求めるのではなく「多様性」を大事にして、それぞれの子どもの「個性」を生かすべく奮闘する態度を持ち続けようとします。

　さらには、子どもをまるで「もの」のように、自らとは切れた存在として扱おうとするのではなく、お互いの存在が共に「関係しあう」ものとして、認識しようとします。先生と子どもとは、「教える」関係であり同時に「教えられる」存在だと気づいていく過程とも言えるでしょうか。

　これらは当たり前のことのようですが、集団として子どもたちを導く立場の教師にとっては、なかなか難しいことなのです。それでも、私は、カウンセリングのこうした考え方を先生たちに知っておいていただくだけでも、全然違うのではないかと思っています。

4）カウンセリングのエッセンスを教室で生かす 「手立て」の例 ─ミソドラマ─

　「視点」や「ものの考え方」は、人の行動の根本部分にあって、日々の生活の中に現れてくるものですので、学校での具体的な場面でどのように行動すればよい、というマニュアルが作れるものではありません。また、「指導要領」のような、「要領」を配布す

るわけにもいかず、起こってくるさまざまな場面で、教師的なアプローチとカウンセラー的な視点をすり合わせながら、日々考えていくしかないものでもあります。

　しかし、そうはいっても、なにかせめて「ヒント」のようなものはないか、あるいは、せめて「実践例」のようなものが示されれば、少しはイメージがわきやすいのではないか、そんな思いで本書は作られました。

　教師は子どもたちの心を理解したいと願いますが、子どもたちは教師に対して必ずしもそのままの心を見せるわけではありません。これは、本書の中でアラン・グッゲンビュールも繰り返し述べていることです。彼は「適応という罠」という表現を使っていますが、子どもたちは（学校での）「暗黙のしきたりや先生たちの期待を見抜き、それに従って行動するようになり」「自分を偽り、本当の感情や考えを隠し始めます」。

　学校という場では、教師は「教師」という枠組みから離れることは難しく、子どもたちも「児童・生徒」という仮面をはずすことは難しいのです。子どもたちが、教師には自分の心のうちを語らないけれど、スクールカウンセラーにはその胸のうちを語ることがあるのは、スクールカウンセラーが学校の「外」から来ている人であり、子どもたちはいわば、スクールカウンセラーという仕事に合わせて、行動していると言えるかもしれません。「自分には子どもたちから本音を語ってもらえるような能力がないのだ」と落ち込まれる教師にたびたび遭遇しますが、それはその人の能

力のなさからきているのではなく、教師という「役割」からきている結果なのです。

　子どもたちは、「教師」を求めていると思います。教師のままでいて、かつその「枠」から自由になれる方法はないのか。

　学校ではそういう状況を作れる場はそう多くないように思います。ただ、いわゆる「知識」を教える「教科学習」以外の時間を活用すれば、子どもたちは別の姿を見せてくれるかもしれません。

　ところで、枠に縛られながら、あるいは異分野の人になんとかしてほんとうの気持ちを伝えようとするとき、私たちがしばしばとる手法の一つに「たとえ話」があるように思います。私たちは、双方が理解をしたり、すぐに本音が出したりできないような状況のときに、「お話」という物語の力を利用するのです。

　私たちは小さい頃から絵本や物語に接してきました。テレビも含めて、実は私たちは多くの「物語」に取り囲まれて生きています。これは、私たち人間が、「事実」だけでは生きられないからだと思います。そして、「事実」ではなく「物語」のほうが、人と人との間の共感を生み、お互いに関係を取り結ぶことを可能にするからではないでしょうか。

　本書に出てくる「ミソドラマ」も、そうした「物語」の力を利用しています。「ミソドラマ」とは、mytho drama で、直訳すれば、「神話的なドラマ（お話）」となるでしょうか。人間が作り出し、時代を超えて受け継がれてきた神話は、人間の心の奥深くの無意識と言われる領域と深く関係すると考えられています。

「ミソドラマ」は、本書の中で詳しく紹介されますが、簡単に言うと、参加者に物語を読み聞かせ、その結末を自由に考えてもらい、それを劇にして演じてみることを中心とした集団療法の一種です。

　アラン・グッゲンビュールは、学校で激しい暴力を振るう子どもたちにこのミソドラマを長年実践し、効果を挙げているスイスのユング派の心理療法家です。ミソドラマは、必ずしも問題行動を起こしている子どもたちだけではなく、ごく普通の子どもたちやクラスを元気にする効果も持っています。そこで、本書においては、このミソドラマを、日本の学校の授業で実践した例を紹介することにしました。

　本書を読んでいただくことで、一人でも多くの子どもたちが、そして先生たちが元気になっていただけるよう願っています。

はじめに ～解説～（桑原知子）── 3

講義1 ◆ 子どもの本当の心を知る（アラン・グッゲンビュール）

❶ CASEで考える　行動の裏に隠された本音 ────── 18
CASE 1　誰も来なかった誕生日会── 18
CASE 2　学校の場では言えないこと── 20
CASE 3　いじめられても相談できない── 22
CASE 4　尊敬している先生に敵意を向ける── 25

❷ 意識と行動のギャップ ────────────── 28
学校内の「ルール」── 28
- 校則が自由を奪う── 28
- 子どもと向き合うことを避けるための校則── 29
- 校則とは別の「暗黙のしきたり」── 30
なぜ校則は守られないことがあるのでしょう？── 30
- 意識と行動の間にはギャップがある── 30
子どもの心の動きに目を向けよう── 33
- 子どもの行動の隠れた動機を考える── 33
- 人は本音をなかなか出さない── 33
- 規則が守られている裏にある「適応という罠」── 34
- 本当の感情は隠されがち── 35

❸ 子どもの快適さのために先生ができること ·················· 36

子どもの心は不安でいっぱい──36
- 目の前の課題に圧倒されそうになっている──36
- 先生は何でもできるわけではない──37

先生の子どもへの関心が大事──38
- ①いつも子どもたちに注意を払う──38
- ②「視線」に気をつける──39
- ③先生がそこにいることを知らせる──39
- ④真剣な会話より、ちょっとしたおしゃべり──40

トラブルの根底を知っておく──40
- 先生と生徒の関係性が原因──40
- 子どもは規則に従いたいし、反抗もしたい──41
- 子どもの揺れ動く心に関心を払う──42

新年度で大切な関係作り──43
- 初対面の場で起こるのは、主導権争い──43
- 先生は試されています──43
- 自己紹介の仕方がすべてを決める──44
- 「どんなことを望んでいる先生か」をはっきりさせる──44
- まずは「先生と生徒(児童)」という構造を確立する──45

コミュニケーションで知っておきたいこと──46
- 子どもは思っていることを言葉で言わない──46
- 共通の言葉は、親密さを感じさせる──47
- グルーミングというコミュニケーション──48
- 話題の中に気持ちが間接的に表現される──49
- 暗に仄めかして伝えてくる──49
- いろんな話題が、子どもの心につながる道になる──50

講義2 子どもの心を開くツール（アラン・グッゲンビュール）

❶ 紙芝居の魅力の秘密 ································ 52

紙芝居の力 ── 52
- 日本古来のストーリーテラー、紙芝居のおじさん ── 52
- 聞かせる能力のあるストーリーテラー ── 53
- 媒体としての物語 ── 54
- 紙芝居が今どうなったか ── 55

❷ 教育現場での物語の利用 ····················· 56

学校での物語の利用 ── 56
- 困ったクラスでの初めての利用 ── 56
- 教育と心理療法で物語が力を発揮 ── 57
- なぜ物語が力を発揮するのか ── 58

私たちが作る物語のメカニズム ── 58
- 物語と事実の不一致 ── 58
- 個人的な物語は心の要求に従って作られる ── 59
- 個人的な物語の果たす機能 ── 60
- 個人的な物語の影響 ── 61

❸ 個人や集団にとって意味のある物語 ········· 62

特別な意味を持つ物語 ── 62
- 物語が意味を持つと何かが変わる ── 62
- どんな物語が意味あるものになるのか ── 63

学校で意味のある物語 ── 64
- 先生と紙芝居のおじさんの共通点と相違点 ── 64
- 子どもは物語の不思議さに惹かれる ── 65

- 先生の言葉で子どもたちの感性に合わせて話す —— 65
- 紙芝居を「ミソドラマ」に取り入れる —— 66

講義3 ◆ ミソドラマに挑戦 (アラン・グッゲンビュール)

育ちのプロセスを進めるために —— 68
「適応という罠」をくぐりぬける方法 —— 68

❶ ミソドラマを始める前に 70

❷ ミソドラマの手順 72

Ⅰ **ミソドラマの準備をする** —— 72
1 問題を見つけ、仮説を立てる —— 72
2 物語を選ぶ —— 72

Ⅱ **ミソドラマを始める** —— 74
3 ミソドラマの導入とウォーミングアップ —— 74

Ⅲ **お話をする** —— 76
4 物語の登場人物の紹介 —— 76
5 物語を読みきかせる —— 77

Ⅳ **想像する（イマジネーション）** —— 79
6 物語の終わりを想像する —— 79

Ⅴ 表現する（パフォーマンス）── 82
⑦ 想像したものを絵に描く── 82
⑧ 物語の終わりを決める── 82
⑨ 物語の終わりを演じる── 83

Ⅵ 表現を読み解く── 84
⑩ 子どもたちの作った物語を解釈する── 84

Ⅶ 解決策を決める── 87
⑪ コンクリートチェンジ（具体的変化に向け解決策を決める）── 87

コラム 象徴的に見ること── 90

実践例1 ◆ 事例に学ぶミソドラマ

❶ 日本でのミソドラマの挑戦 ────── 92
● 日本でのミソドラマのプロジェクト── 92
● プロジェクト全体の流れ── 93

❷ A小学校でのミソドラマ ────── 96

❸ B中学校でのミソドラマ ────── 108

コラム 各役割の注意点── 118

資料1 ◆ ミソドラマのマニュアル

❶ ミソドラマの進め方 ──────────────── 120

　　① クラスの状況を把握する ── 120
　　② 方針の決定 ── 121
　　③ ミソドラマ① ── 121
　　④ ミソドラマ② ── 125
　　⑤ フォローアップ ── 125

　　コラム　ミソドラマの様々なやり方 ── 126

資料2 ◆ そのまま使えるミソドラマ

❶ おすすめのウォーミングアップ ────────── 128

❷ おすすめの物語と絵 ─────────────── 134

　　① 宝探しの冒険 ── 134
　　② はんたいの国 ── 139
　　③ 水が押し寄せてくる！── 145

おわりに（桑原知子）── 153

装画・マンガ…細川貂々
装幀・本文デザイン…上野かおる
DTP…東　浩美
イラスト…野崎裕子
構成・編集…林　聡子

講義 1

子どもの本当の心を知る

1 CASEで考える
行動の裏に隠された本音

子どもの心の声を聴くことは、とても重要です。
彼らは、先生のことをどうでもいいと思っていたり、
学びたくないと思っているわけではないのです。

CASE 1　誰も来なかった誕生日会

● 子どもの心の中はわかりにくい

　Aさんの話を聞いて、クラスに関わっていた教師はみな落ち込みました。そんなことになっていたとは、誰も気づかなかったのです。

　担任は、「うちのクラスはみんなが協力し合っていて、うまくいっている」と思っていました。個々の子どもについても、素直でいい子たちだという印象を持っていたのです。

　それなのに、どうしてこのクラスでこんなひどいことが起こってしまったのでしょうか？　教師の見る目がなかったのでしょうか？　生徒たちを信じすぎていたのでしょうか？　でも実際には、このような例は、多くの教師が経験していることなのです。

　教師は日々、子どもたちに話しかけたり、話に耳を傾けたりして関係を築いていきます。多くの場合、子どもたちは心を開いてまじめに応答しているような印象を持ちますが、その印象は間違っていることもあります。教師は、子どもの心の中で起こっていることを、いつも正しく感じ取れるとは限らないのです。

● 何でも打ち明けるなんてあり得ない

　理由は簡単です。

教師が子どもと関わるのは主に学校の中で、先生としての決まった役割や学校の仕事から離れられないことが大きく関わっています。

　学校内での子どもたちの様子を見て教師が抱いている印象が、学校外での子どもたちの振る舞いと一致するとは限らないのです。当然のことながら、教師が子どもに抱いている印象と、実際の子どもの心の中は、しばしば違っているのです。

　このようなズレが出てくるのは、子どもたちが先生を嫌っていて、関わりたくないと思っているからではありません。子どもたちが、気にしていることや恐れていることを先生に話せないのは、学校という状況のせいです。学校では、子どもは何でも打ち明けられるわけではないのです。

CASE 2　学校の場では言えないこと

● 学校で話せる内容は、状況に左右される

　このケースのように、誰かに自分の状況を話せるかどうかは、その場の状況に知らず知らずに左右されているのです。学校の中で話される内容は、その場の状況や、先生と子どもという関係に見合った話題に、自然と限定されるのです。

　学校には、校則や暗黙のしきたりなどのルールがはりめぐらされており、子どもたちは知らないうちにそのルールに従っています。たとえ意識的には先生に正直になりたかったり、悩んでいることを伝えたいとしても、そうすることは難しいのです。

● 友達が一番大事

　私は調査の一環で、「なぜ君たちは学校に行くの？」と中学生に

「クラスのみんなは歓迎してくれているかな？」

「はい！とてもいい人たちで仲良くしてくれます！！」

本当は……

B君は一部の同級生から無視されて笑いものにされている…

でも そのことを先生に打ち明けたら

「あいつ告げ口した」

そして無視されてることを認めると学校で過ごす自信をなくしてしまうかも…

だからB君は胸の内にその事実をしまっています

講義 1 子どもの本当の心を知る

尋ねたことがあります。

　すると、1番多かった答えは「友達に会うため」で、2番目は「休み時間を楽しむため」というものでした。子どもたちが伝えたかったのは、休み時間に友達と過ごすことが一番大事だということだったのです。

　でも実際は子どもたちは、心からそう思っているわけではありません。多くの子どもは、学習が大事だとわかっていますし、知識を獲得して、どんどん力をつけたいと強く思ってもいます。なのに、「友達に会うため」という答えが多かったのは、どうしてでしょうか？

　子どもたちは、特に前思春期や思春期になると、同級生にばかり目を向けるようになります。彼らの気持ちの中で、同級生の存在はどんどん大きくなってきて、互いにわかり合えて信頼でき、競争できるような親友が欲しいと思うようになります。

　つまり、子どもたちが前思春期に達する時期（10〜11歳頃）以降では、友だちこそが彼らの幸せの鍵を握っているのです。

　もしある子どもが、1人の同級生と仲良くなったら、朝起きて学校に行くことがとても楽しみになります。その子にとって、学校は友達と会える心地よい場所になるのです。

　一方で、もしある子どもが同級生からのけ者にされたり、無視されたり、いじめられたりするなら、その子にとって学校に行くことは悲惨なものとなります。

CASE 3　いじめられても相談できない

● アイデンティティ探求の始まり

　この時期の子どもたちにとって、同級生が何よりも大事なもの

講義 1 子どもの本当の心を知る

になってくるのは、彼らが自分のアイデンティティを探し始める
からです。

　小さい頃、子どもたちは両親の背中を見て育っていきます。

　彼らと両親とは、ほとんど一体化しているようなもので、物事
に対する考え方や感じ方は、両親から受け継がれます。そのため、
自然に両親の主義や価値観に従っていきます。

　しかし年齢を重ねると、ある程度親から自立したいと思うよう
になります。

　彼らは両親から独立したアイデンティティを獲得したいと思う
ようになり、自分なりに服を着こなすようになったり、友達には
通じるけれど親にはわからないような言葉で話したりするように
なります。

　そうやって、それぞれの好きなことをするようになり、多くの
場合、大人と付き合いたがらなくなってきます。

　10代になると、子どもたちは親から離れて自分の力でやってい
きたいと思うようになり、仲間と一緒にいようとします。

　両親や先生たちの存在は二の次となり、友達や同級生がお手本
となってゆきます。友達のやっていることは進んで真似をするよ
うになりますが、大人のやることは「古臭い」と思うようになり
ます。

　このような行動は大人にとっては厄介なことです。しかし、そ
うすることによって子どもたちは、

　「大人から独立して自分の力でやっているという感覚」

　が得られるので、この時期の子どもたちにはとても大切なこと
なのです。

● 価値観や意思決定に友達が影響する

　このように、子どもたちにとって大事な存在が、成長に伴って

親から友達に変わることによって、「集団思考」が出てきます。

　つまり、考え方や価値観や意思決定に、友達が大きく影響してくるのです。この年代の子どもたちは、自分がどう思うかということよりも、友達のすることや考えることに合わせようとするのです。

　ただし、友達に合わせる度が過ぎると、自分でやっていく感覚が薄れてしまいます。

　彼らは友達の好みに合わない服は着ないし、仲のいい友達が聞いていない音楽は聞かないのです。子どもたちの中には、友達の奴隷になっているとさえ言える人もあります。

CASE 4　尊敬している先生に敵意を向ける

● 子どもには「敵」となる人物が必要

　こうしたことは、この年代の子どもたちを担当する先生にとっては、一筋縄ではいかない大きな問題です。先生の役割は、複雑です。

　もちろん、多くの子どもは勉強したいと思っていて、先生をちゃんと尊敬してもいます。友達や同級生の存在がとても重要であっても、先生が大切であることに変わりはありません。

　ただ先生は重要なのですが、子どもの親友の役割を担うことはありません。

　子どもたちは、先生の年代に合わせることで、同年代の友達と合わせられなくなることが恐いので、個人的な思いや気持ちを先生にあまり話したがりません。

　実は先生には、親友とは別の役割が期待されています。

　それは、子どもとは違う世界に属し、違う思考を持ち、違う価

14歳のD君は　表向きは先生たちの悪口を言っていましたが	先生たちのことを尊敬しているようでした

中でもD君が一番尊敬している先生が　D君が興味を持っている職業について授業で話しました

授業中　先生は何度もD君のことを念頭において話をしました

ところが授業の最後　D君に このテーマはどうでしたか？ と尋ねると	こんな授業して**先生面してんじゃねーよ！** と答えたのです

先生は驚いて　本当に生意気な子なんです！！他の子たちがいる前で私にひどい言葉を言ってきた と怒りましたが…	D君は　先生のことを尊敬していたからこそ「敵」としての役割を担って欲しかったのです

値を大事にする人として行動するという役割、つまり「敵」としての役割です。

　子どもたちは、「古臭い人たち」には、自分たちと対立するものや、大人の世界を代表するものであって欲しいのです。

　友達に合わせ、自分たちが大人から独立して行動し思考しているという確信を得るためには、大人の中に「敵」となる人物が必要なのです。

　彼らが最近の流行の音楽を大人に聞かせる時、

　「つまらない音楽を聞いているんだね」

　と言われることを実は求めているのです。

● 子どものことが理解できる大人は嫌われる

　逆に、若者文化の流行やブームを追っている大人は、彼らをイライラさせます。

　つまり先生が子どもの態度とは反対の立場をとるのは当たり前のことで、子どもたちもそれを期待しているのです。

　先生は、「若者が妙な着こなしをしていたら眉をひそめ」「一風変わった芸能人に夢中になると肩をすくめ」「不適切な言葉を使うなら怒る」べきなのです。

　子どもたちは自分でわかっていないとしても、それは彼ら自身が大人に求めていることなのです。

　また先生との関係だけでなく、両親との関係も同じ状況がおこります。

　子どもは大人に、このパターンを辿って欲しいのです。子どもと同じレベルのふりをしたり、彼らの考えや態度を真似るような大人は嫌われるのです。

2 意識と行動のギャップ

人は、意識によって行動をコントロールできるわけでは
ありません。校則や暗黙のルールのもとで、
子どもたちの心は複雑に揺れ動きます。

学校内の「ルール」

● 校則が自由を奪う

学校には、たくさんの校則や決まりがあります。

「友達や先生を尊敬する」

「発言する時は手を挙げる」

「友達をいじめない」

「喧嘩はしない」

「ゴミはゴミ箱に」

「悪口を言わない」

「大人と話す時は礼儀正しくする」

「誰にでも挨拶する」

などなど…。重要なものを玄関先に貼り出していることもあります。

　校則は、先生側の基準で作られ、子どもたちにして欲しいことを示し、不適切な行動を防ごうとします。つまり校則は、先生が子どもたちに求める理想的な姿を表したものなのです。

　にもかかわらず、一般に校則は従って当たり前のものと思われがちです。一旦校則になると、はるか遠くにあった目標も普通のことになってしまいます。理想の行動を当たり前のものとするこ

とで、生意気な行動を罰してやめさせようとするのです。海外の学校では、校則を守らせるために契約書を作成することさえあります。そうすれば子どもは、校則を守らざるを得なくなります。

こうした校則は、子どもたちから選択肢を奪います。結果として、ある1つの教育目標が絶対的な基準になり、「自由」はどこにもなくなってしまいます。

● 子どもと向き合うことを避けるための校則

校則に頼る教育は、先生が本来持っているはずの教育的な指導から離れてしまう恐れがあるという問題点があります。

子どもたちは成長の途上にあり、人格も形成の最中です。彼らは自分の能力や特性を伸ばしていくために、色々試してみることも必要でしょう。間違いや失敗も許されるべきなのです。

子どもたちの生意気な態度もまた、自分を見つけようともがいている現れかもしれません。発達というものは、いつもまっすぐな道を進むわけではありません。過ちを犯したり反抗的な態度を取ったりすることも、自分を探している証拠かもしれないのです。

そう考えると、どんな時でも厳しく強制的に校則を守らせようとしたら、個々の教育的なプロセスを台無しにしてしまう恐れがあります。

校則にこだわる先生は、問題行動に向き合い、子どもたちが少しずつ力をつけ分別をわきまえていくのを助けるのではなく、とにかく早く問題を解決したいのです。なぜなら、問題を起こす子どもと向き合うことは、しんどくて面倒だからです。

その代わりに校則を作り、「違反するな!」と押し付けます。

そうすれば子どもたちは、渋々でも従うようになると本気で思っているのです。

講義 1 子どもの本当の心を知る

● 校則とは別の「暗黙のしきたり」

　目に見える規則、つまり校則とは別に、学校には多くの「暗黙のしきたり」があります。先生から伝わってくることもあれば、学校全体に自ずと広がっていくこともありますが、知らないうちに子どもに浸透していきます。

　先生は、暗黙のしきたりを認めることも自分の中の期待に気づくこともなく、子どもたちは従うものだと思っています。しきたりは、ある種のタブーに関わっていることもあります。例えば、ある先生には「結婚の話をしてはいけない」といったものです。

　子どもたちは多くの場合、そういう微妙な問題には気が付いていて、トラブルに巻き込まれたくなかったら、暗黙のしきたりを守るべきだと知っているのです。だから先生と話す際、そうした微妙な問題をうまく避けます。

　そのかわり、「先生には言えないけど、あの先生の冗談面白くないし、男子に偏見があるから……」などと、先生がいない時にこっそり言ったりします。

　また、学校全体に関わることもあります。例えば、職員同士のぎくしゃくした関係には触れないようにしています。子どもたちは賢いし先生を怒らせたくないので、子どもによく思われたいと考えている先生には、その思いに従うように振る舞います。

なぜ校則は守られないことがあるのでしょう？

● 意識と行動の間にはギャップがある

　規則を守るということは、私たちが自分で自分を意識的にコン

トロールできることを前提としています。この前提のもとでは、本当に守ろうと思っているのなら、子どもたちは校則を守れることになります。

校則を意識できているのなら、それに従うはずなのです。

「本気でしようと思えば、ちゃんとした行動ができるはずだ」ということです。

しかし、本当にそうなのでしょうか？

実は、意識と行動の間には、大きなギャップがあります。子どもたちは、校則と暗黙のしきたりの両方に従わねばなりません。けれども私たち人間は、意識によって自分を完全にコントロールできているわけではないのです。

その理由を見ていきましょう。

●理由1 ＞ 自分の行動を正当化する

第1に、自分の意図するところと行動との間には大きなギャップがあります。つまり自分が思っていることと、実際にすることとは同じではないことに起因します。

例えば私は、いつも誠実に振る舞い、友情を大切にしているつもりです。しかし、実際にやっていることは全然違うかもしれません。どうしてでしょう？　それは、自分の誠実じゃない行動には、目をつぶってしまうからなのです。

自分の思いと実際の行動とが、違っていることを認識することで生じてくるストレスや、自己矛盾の感覚を避けるため、言い訳をするのです。

「私はローラをパーティに招待しなかったけど、それは来ても楽しくないだろうってわかっているから。彼女をのけ者にしようと

したんじゃないの！　絶対に違う！」

　という風に。

　このように私たちは身の潔白を証明するために、自分の行動を正当化することがよくあります。

● 理由2 ＜ 無意識の動機

　第2に、「何が私たちを動かしているのか」ということは、案外はっきりしないことが多いのです。

　人は、願望やコンプレックス、感覚、誘惑、感情、そして衝動によって操られていますが、自分では気づいていません。それらは意識的な部分には表れないのです。

　例えば、子どもたちは食堂で何を食べるか決める時、ハンバーガーや寿司などと、自分でちゃんとメニューを選んでいると思っています。しかし実際には、食堂の入口にあるサンプルの置き方に影響を受けていたりするのです。

　それよりもっと重大な決定をする時や、強烈な感情を覚える時もまた、自分では気づいていない動機に基づいているということがよくあります。

　例えば私たちは、相手の人柄に惹かれて、恋に落ちると思っています。でも実際には、その人のお財布の中身が重要だったりします。

● 理由3 ＜ 気分に左右される

　第3に、私たちの意識は、気分に左右されます。

　気分がよい時と悪い時とでは、周りの見え方も違ってきます。それがそのまま行動に現れることもよくあることです。

子どもの心の動きに目を向けよう

● 子どもの行動の隠れた動機を考える

　先生は、校則を作らねばなりません。なぜなら先生の言うこと
やすることは、適当ではなく、ちゃんとした事実に基づいていな
ければならないからです。

　その上、授業中に目に見えない子どもの行動の動機を考えてい
る暇はありません。先生は、心理学者でも精神分析家でもないの
で、心の奥で起きていることに焦点を当てることは難しいのです。

　例えば、先生は子どもに宿題をさせなければいけません。しか
し、ある子が宿題を提出できなくても、その意味を深く考えるこ
とは普通は先生の仕事ではありません。

　自分の仕事に専念して初めて、教育者としての役割が果たせま
すが、そんな中で校則は、混乱を避け、集団を導くのに重要な意
味を持つのです。

　それでもなお、先生はクラスや学校で起きている子どもの心の
動きにも気づいているべきだと思います。そうすればいろんな問
題を回避でき、さらには子どもたちが様々なことを学ぶ意欲の向
上にもつながるからです。彼らが何に悩み、苛立ち、つまずいて
いるのかがわかれば役に立つのです。

　うわべを見るだけで満足してはいけません。子どもの行動だけ
ではなく、奥深くに隠れた動機についてもよく考えてみましょう。

● 人は本音をなかなか出さない

　先生は子どもに教えたり話したりするし、子どもたちは先生に
質問したり、説明したりします。先生と子どものやりとりは、実

講義
1

子どもの本当の心を知る

際には様々な水準で行われていますが、その大部分は意識的なところで起きています。けれど、これらのやりとりは、表面的な意味だけで受け取られるべきではありません。

　コミュニケーションは、意識していない部分からも影響を受けているからです。そのため先生も子どももお互いに、本音を話していないことがあるのです。

　多くの場合、本当に思っていることと、実際の言動とは違います。私たちは自分を守るため、あるいは衝突を避けるために、本音はなかなか出しません。ですから人間を理解するというのは難しいことなのです。子どもたちの本音を知りたければ、目に見えていることの背後に何があるかを注意深く探っていく必要があります。

● 規則が守られている裏にある「適応という罠」

　私が12歳の頃、
　「彼はとても有名な、児童心理学者だよ」
　と、夕食に来たお客さんのことを父が教えてくれました。大人たちはベトナム戦争や政治、車について議論し、私はそれを面白く聞いていました。

　やがてお開きになり、大人たちは玄関先で立ち話を続けていました。季節は冬で、辺り一面雪に覆われていました。心理学者は急に話をやめて庭に向かい、雪玉を作り私に投げてきたのです。

　私は驚きました。さらに彼は庭の雪だまりに隠れ、私が雪玉を投げ返すのを待っているのです。私はその行動に戸惑いましたが、彼の期待に応えて雪玉を作り投げ返しました。

　楽しんでいる振りをしましたが、本当は車やベトナム戦争の話の方が面白かったのです。

私は、「これが、大人が子どもと関係を作るやり方なんだなぁ」と思ったので、彼の期待に丁寧に応えました。

彼は、「少年はみな雪合戦が好きだ」と思っているのです。

同じようなことは、学校でも見られます。子どもは馬鹿ではないので、守らないといけない校則と力関係をわかっています。

先生たちは発言し物事を決定しますが、子どもたちの役割は、先生に従い、満足させることです。そうしないとトラブルに巻き込まれるからです。

「校則はちゃんと守っているし、先生のことは素晴らしい手本だと思っていますよ」という印象を与えておくのです。

先生はそれを疑いません。賢くて気が回る子どもは特に、学校でうまくやるには適応力が大事だとわかっています。彼らは暗黙のしきたりや先生たちの期待を見抜き、それに従って行動するようになります。そして自分を偽り、本当の感情や考えを隠し始めます。

先生は子どもたちのことを疑わずにいますが、実際にはだまされているかもしれないのです。規則が守られている集団の裏側には、この「適応という罠」があります。

● 本当の感情は隠されがち

社会的に受け入れられるために「仮面」をつけることは、多くの社会でよくあることです。「悲しい時こそ笑え」とはよく言いますが、この言葉は、都合の悪い感情が生じた時に、私たちがどういう風に振る舞っているかを示しています。

感情や個人的な考えは、社会がうまく回るのを妨げる恐れがあります。そのため、ある組織の団結の強さというのは、決められた規則をメンバーがちゃんと守れるかどうかにかかっています。

講義
1

子どもの本当の心を知る

3 子どもの快適さのために 先生ができること

先生はどうしたら子どもの本当の感情や
心の声を聴くことができ、
子どもが快適に過ごす手助けができるのでしょうか?

子どもの心は不安でいっぱい

● 目の前の課題に圧倒されそうになっている

　子どもたちの間では、上の学年や学校でどんなことが起きているか、どんなことが待ち受けているのかがよく話題になります。

　小学4年生のEくんは上級生から、「学年が上がったら、休み時間はなくなるし、難しいことをたくさんしなくちゃいけないんだよ!」と聞き衝撃を受け、とても心配になりました。

　「中学校に入ったら、どんなに退屈で大変な毎日になるんだろう」「3桁や4桁の計算ができなきゃいけないのかな」、そんなこと無理だと思いました。

　何よりも、自分がクラスの人気者ではなくなるかもしれないことが、一番恐ろしく感じられました。

　上級生から、こんな噂も聞きました。中学校には乱暴者の先輩がいて、みんなに怖がられているそうなのです。

　「そんな場所で、どうやって無事にやっていけるだろうか…」とEくんは思いました。

　先生は、子どもにとって学校が安心で快適な場所であって欲しいと望んでいます。そのためにも、子どもたちが学校で勉強に集中し、持っている力を発揮しながら成長できるように手助けをし

ようと思っています。楽な気持ちでいられるような雰囲気や環境を作り、彼らが学びを自分のものにすることを目標にしているのです。

でも多くの子どもが、自分の体に対する違和感や何かが欠けている感じを抱いたり、力の限界に気づいたりして、心理的に不安定な状態にあります。そして、自分でどうにかできるのかわからないと感じ、目の前の課題に圧倒されそうになっているのです。

大人は自分の学生時代をつい美化し、学校生活に対する恐怖や、そこでの困難を過小評価して、子どもにそれを無理矢理に克服させようとします。

でも、学校生活とは、そんなに甘いものではありません。

●先生は何でもできるわけではない

先生は、子どもたちの力にならなければなりません。

子どもたちが快適に感じ、学校生活の中で要求されることに応えられるよう、助力しなければならないのです。仲間内での緊張感や、孤独感、混乱、集中力のなさ、信頼感の欠如、あるいは「適応という罠」など、様々なことが子どもの学びのプロセスの中で生じ、彼らを悩ませます。

しかし先生は、教室で起こるすべてのことに責任があるわけではなく、子どもたちの幸福を保障することもできません。

先生の守備範囲を超えたところにも、様々な要因が潜んでいるのです。

例えば子どもたちは、家庭の問題や、トラウマ的な体験、あるいは人格的な特性のせいで苦しんでいるのかもしれません。子どもが仲間に受け入れられること、クラスの特徴、予想外の出来事など、学級内で起こる様々なことのほとんどは、先生の影響で起

こるわけではないのです。けれども、先生は多くの面で影響力を持っています。

　このような様々な要因を意識しながら、自分ができることに力を注ぐことが重要なのです。

先生の子どもへの関心が大事

❶ いつも子どもたちに注意を払う

　ある中学校での出来事です。何も尋ねられていないのにF君はいきなり先生に、「僕たちは何もしていないよ！　本当だよ！」と言いました。

　一緒にいた2人の生徒も、自分たちは何もしていないよという顔をしています。

　先生は、彼らが何のことを言っているのか最初はよくわかりませんでした。でもやがて、自分が何気なく彼らのいる方向を見たことを思い出しました。

　F君たちは、「どうして先生が自分たちの方を見たんだろう」と考えて、こんな風に反応したのです。彼らは、まるで自分たちが悪いことをして捕まってしまったかのように感じたのです。

　このエピソードには、実は重要なことが隠されています。

　それは、先生の存在感が子どもたちに非常に大きな影響を与えるということです。子どもには、先生が自分たちのことを見ていて、することに関心を向けているという意識が必要です。そのためにも先生は、子どもたちのことを気にかけておかねばなりません。

　先生が自分たちに何の注意も払っていないと感じた途端、彼らはそっぽを向いてしまいます。そうなってしまうと先生はもはや、

キーパーソンや導き手となることはできません。ただの背景と同じになってしまうのです。

❷「視線」に気をつける

学校の中ではどんな時もどこにいても、先生は子どもたちのことをよく見守っていなければなりません。「先生がそこにいて、自分に関心を持ってくれている」と子どもたちに確かに感じさせる最も有効なものは、"視線"です。彼らが何をしているのか観察し、やっていることに関心を持つのです。

視線を交わすのは、子どもたちをコントロールするためではなく、彼らに関心を示すためです。前思春期や思春期の子どもたちは特に、先生とのつながりを求めています。

アイコンタクトと一緒に、頷いたり、微笑んだり、何かの合図をしたり、言葉かけをするのもよいです。「あれ、髪を切った？」というような言葉で十分です。それが彼らに、「先生は自分を気にかけてくれている」という気持ちを持たせるのです。

❸先生がそこにいることを知らせる

先生は、自分の存在を子どもたちにしっかりと知らせねばなりません。ずっと自分の席にいるのではなく、教室の中をぐるぐる歩き回って、子どもたちに視線を注ぎましょう。教室の外でも、彼らがどうしているかに関心を持つことが大切です。

先生が自分のことで頭がいっぱいになっていて、子どもたちに気が向いていなかったとしたら、多くの子どもの心は、学校やきまりを守ることから離れてしまいます。ですから子どもたちが、先生は自分を気にかけてくれる存在だというイメージを持ったり、先生が学校そのものを現すイメージになることが必要です。

❹ 真剣な会話より、ちょっとしたおしゃべり

　10歳のＧちゃんは、「うちでは、おなかいっぱいにご飯を食べさせてくれないの！」と先生に打ち明けました。

　先生が驚いてＧちゃんのお母さんに電話をすると、Ｇちゃんの話は全くの嘘だとわかったのです。

　実は多くの子どもは、作り話をすることで自分を守ろうとします。子どもは、先生と真剣な話し合いをするのを嫌います。目を合わせて、真剣な言葉で熱い議論をしようと望むような先生は、ほとんどの子どもが苦手です。

　先生が距離を縮めようとすればするほど、子どもは恥ずかしくなり、自分の気持ちを隠してしまいます。

　学校では、ちょっとしたおしゃべりが、深刻な雰囲気の話し合いや真剣な会話よりもずっと大切なのです。

　ちょっとしたおしゃべりは、先生が自分に関心を持ってくれているという印象を子どもたちに与えます。また、自分が先生の言いなりになっているばかりではない、という印象も与えます。

　「野球の試合で勝ったの？　すごいじゃない！」「遊園地に行ったの、どうだった？」。こんな会話は、他愛のないものに思えるかもしれません。でも、たとえ自分で気づいていなくても、子どもたちは、先生に関心を向けて欲しいと思っているので重要です。

トラブルの根底を知っておく

● 先生と生徒の関係性が原因

　「僕はちゃんと閉めたよ！」。Ｈくんは不機嫌そうに先生に抗議

しました。Ｈ君は教室の棚の扉を開けっ放しにして、先生に注意
されたのです。

「次の人がすぐに開けるのに、何で閉めないといけないの？」
と、Ｈ君はお決まりの言い訳を続けます。

先生は、自分にはもっと大事な仕事があるのに、どうしてこん
な言い合いで時間を無駄にしなくてはいけないんだろうとうんざ
りしました。

このように、授業の準備に時間を費やす代わりに、些細なこと
に振り回されてしまうことは、先生にとって日常茶飯事でしょう。

先生は、「筆箱はどうしたの？」「プリントに忘れず名前を書い
て！」など、子どもたちに授業や教室の中での過ごし方について
何度も言い聞かせなくてはなりません。

ところが何度注意しても改善されず、最も基本的なルールさえ
身についていないと思えることもよくあります。

こうしたやりとりの中には、別の側面やもっと深い意味が隠れ
ているので、細かいところにまで注目する必要があります。

思春期の子どもなら、扉が閉まっているかどうかという判断は
簡単につきます。ですから理論的には、子どもたちは責任を持っ
て自主的に行動することができるはずなのです。なのにＨくんの
例のような身勝手な行動をとるのは、脳の問題ではなく、実は先
生と生徒との関係性に関わっていることが考えられます。

●子どもは規則に従いたいし、反抗もしたい

子どもたちは、大人から自立したいと思っており、さらに、自
分は大人よりも分別があると自分自身や仲間に証明したいとも思
っています。

例えば男子は、反抗的な自己イメージを描き、それになりきろうとします。そのイメージは、規則にまじめに従うよい子ではなく、ちょっと荒っぽいやんちゃなものです。彼らにとって、学校のルールを守る生徒というのは魅力的なものではありません。しかし自分たちの秘密の願いは空想にすぎず、学校に行き、生きるために必要な事柄を学ばねばいけないこともわかっています。

　だから、先生が彼らを叱り、ルールや規則を示すことを子どもたちは期待しています。それによって、彼らがただのよい子ではないことが証明されるからです。

　先生が、子どもたちを規則に従わせようという姿勢でいるなら、子どもたちはルールや決まりに従う覚悟ができます。子どもたちが規則を破る時は、彼らが無自覚ながら、先生の反応を心から求めている時なのです。

● 子どもの揺れ動く心に関心を払う

　ルールや決まりが破られた時、先生は出来事の隅々にまで注目し、その上できっぱりと「注意」しなければなりません。

　子どもが学校の枠組みの中に戻ってくるためには、細かなところにまで関心を向けることが、助けになるのです。

　従いたい気持ちと反抗したい気持ちの間で揺れている心が大切にされると、子どもたちは学校をもっと居心地のよいものとして感じることができます。

　ルール違反を先生から注意されることで、彼らは自己イメージを保つことができるし、同時に学校で学び成長することができるのです。

新年度で大切な関係作り

講義
1
子どもの本当の心を知る

● 初対面の場で起こるのは、主導権争い

　新しいクラスを担当するのは、人間関係を築く最初の段階に似ています。お互いに知らない者同士が、これからどんなことが起こるのかとワクワクしています。

　心の中に様々な感情や、空想が芽生えます。共感や軽蔑、戸惑いの気持ちが湧いてくるかもしれません。

　担任の先生とクラスの子どもたちとの出会いは、単なる人と人との個人的な出会いではありません。先生は学級を統制する立場にあり、これから何が起こるのかを決め、予定を立てなければなりません。ですから、担任の先生とクラスの子どもたちの最初の出会いは、主導権争いの始まりとなるのです。

　たとえクラスの大半が、先生に対して共感を抱いたり、先生の人柄を受け入れたりしていても、その関係は個人的に結ばれているものではないのです。

● 先生は試されています

　新年度初日、担任のＩ先生が、新入生たちの前に立っています。先生は、不安そうな顔で座っている生徒たちの顔を見ます。彼女をじっと見つめている子もいれば、びくびくしている子、周囲をきょろきょろ見回している子もいます。

　子どもは先生に対して敏感ですから、担任が怖い先生か面白い先生、授業が死ぬほど退屈な先生かを見極めようとしています。

　Ｉ先生が、「みんなに会えて、とても嬉しく思います。私たちはいい時間を過ごせます！　きっとね！　私の趣味は乗馬です。こ

の学校の近くに住んでいます…」と、口を開きました。

　I先生は、詳しい説明を続けます。しかし、子どもたちがクスクス笑っていたり、ふざけ合っていることに気づいていません。この先、I先生のクラスが困難な状態に陥っていくのは明らかです。

　先生は、クラス内での自分の立場をはっきりとさせ、時には自分から何かを要求しなければなりません。また、くり返し注意することも何度もあるし、時には子どもたちにとって嫌な存在にもならければなりません。

　最初の数週間は、先生と子どもたちの間で主導権争いが繰り広げられます。子どもたちは、どこまでが許される限界点で、どのような規則が重んじられなければならないのか、どんなルールがこれから決められるのかを知りたいと思っています。

　そしてもちろん彼らは、主導権を持つ先生へ挑戦するのです。

　つまり、先生は試されるのです。

● 自己紹介の仕方がすべてを決める

　先生は、初対面で試されることをわかっていなければなりません。最初の数週間で、子どもたちはこの先生が尊敬に値するかどうか、話を聞くべき相手かどうかを判断します。

　先生が子どもたちに受け入れられるか否かを左右するのは、先生の自己紹介のやり方です。この最初のステップによって、先生がクラスの信頼を得るのに成功し、子どもたちの一人ひとりとつながることができるかどうかが決まります。

● 「どんなことを望んでいる先生か」をはっきりさせる

　先生は、自分と子どもたちとの関係に自然と目が向くことでし

ょう。子どもたちに自分を好きになってもらいたいし、信頼してもらいたいし、一緒にいて居心地がよいと感じてもらいたいのですから。

これを成功させるためには、人柄や性格などの先生の個人的な特性が鍵であるように思われがちですが、実はそうではありません。もっと大切なことがあります。

先生が、自分の役割をしっかりと意識していることが重要なのです。最初が肝心と考えがちな先生と子どもたちとの関係は、実際には構造が定まった後に生じるものなのです。

新たなクラスを受け持つ時、先生はまず、自分の立場に集中せねばなりません。どんなルールや決まりを守らなければいけないか、どんなことを望んでいるのかを、子どもたちに伝えなければならないでしょう。

要するに、先生は、子どもたちに対して期待していることや、やっていいことといけないことの境界線や、受け入れられないことなどを、はっきりさせておく必要があるのです。

自分がすべてを受け入れるわけではないということや、ある種の権力を持つ存在であることを示さなくてはなりません。

● まずは「先生と生徒（児童）」という構造を確立する

多くの場合、最初の数週間に子どもたちに対して愛想よくしすぎるのは、危険なことです。

先生は自己紹介の時に、自分の権威をはっきり示す必要があり、子どもたちもそれを望んでいます。もちろん、子どもたちは、先生が親しみやすかったり、熱心であればいいなとも思っています。しかしそれと同時に、先生が自分たちをリードしてくれることや、道を示してくれることも望んでいるのです。

講義 1 子どもの本当の心を知る

子どもたちが先生とポジティブな関係を作れるようになるためには、「先生と生徒（児童）」という構造がはっきりとでき、その中で関係性が発展するような状況を作る必要があります。

　I先生のように、最初から親密な関係を作ろうというのは甘い考えなのです。

　最初の数週間は、構造を確立し、子どもたちに学校の重要な規則を守らせることに力を注がねばなりません。それができて初めて、子どもも先生と自分の関係に対してより多くの注意を向けられるようになります。

　関係ができるまでには、時間が必要です。特に学校という場においては、関係が発展する前に、行動上のルールが定められなければならないのです。

コミュニケーションで知っておきたいこと

● 子どもは思っていることを言葉で言わない

　子どもの頭や心の中で、どんなことが起こっているのかよくわからないことは時々あります。前思春期に入り、それに続く思春期になると、子どもたちはそれまでとは違った態度をとるようになります。

　不機嫌そうなJ君に、「どうしたの？」と先生が尋ねると、「別に何でもないよ！」と彼はきっぱり答えました。

　多くの子どもは、率直さや素直さがなくなり、先生に思いを伝えたり、考えを共有したりすることを面倒くさがるようになります。これは、彼らが仲間に関心を向けているためで、自分で考えて行動したいと望んでいるからなのです。

子どもと直接的に関わりすぎたり、プライベートな質問をいきなり投げかけたりすると、きっと失敗するでしょう。面と向かって話したり、1対1の場になったりすると、多くの子は防衛的になり、恥ずかしく感じるのです。

彼らは個人的な問題を避け、先生の目から隠れてしまいたいと思っているのです。ですから、もし悩みがあったり、暴力やいじめに遭っていたり、落ち込んでいたりしても、絶対に言わず、

「たいしたことないよ！」「何も心配しなくていいよ！」というふうに見せかけます。これは先生にとって手強い問題です。

● 共通の言葉は、親密さを感じさせる

言葉を使ってコミュニケーションをとる時、情報の伝達だけを目的にしているわけではありません。言葉を発する時、私たちはあるパターンに沿って音を出していますが、発する音が似ていれば似ているほど、話し手と聞き手は互いに親密さを感じます。

言語や方言が発達したのは、このような理由に基づいています。誰かに対して仲間意識を持つのは、単に似通った視点を持っている場合だけではなく、似たような発音のパターンを持っている時にも起こります。

人間は群れを必要としていて、信用し、頼ることができる集団の一員になりたい生き物です。集団に属する人は自分たちを他から区別し、仲間としての一体感を作り出したいと感じています。このために、集団や地域や国家が、それぞれに特有の表現方法を発展させました。

言語や方言は、その集団らしさや他の集団との違いを表すための記号となります。ですから相手が自分と似た音声を発していれ

ば、互いに理解したり、協力しやすくなると感じられるのです。

言語は、私たちが自らを集団に帰属させるための方法です。

発音のパターン、アクセントの違いによって、仲間とそうでない相手を区別することができるのです。つまり私たちは、使用する言葉によって、自分がどんな集団に所属しているのかを現しているのです。

この法則は、小集団に対しても当てはめることができます。例えば、仲間集団や家族と同じように、子どもの集団も特有の言語を生み出します。以上の理由から子どもたちとのコミュニケーションにおいて、彼らの特有の言葉を理解することも大切なのです。

● **グルーミングというコミュニケーション**

イギリスの人類学者ダンバー（Robin Dunbar）によると、言語は、類人猿のグルーミング行動を起源としています。グルーミングを通して、仲間と一緒にいる感覚や信頼感などが、それを行う個体の間で相互的に芽生えます。

類人猿のグルーミング行動の中では、実際の言葉を用いたやりとりはありませんが、事実として、言語的なコミュニケーションが生じているのです。

グルーミングという観点から考えれば、言葉のやりとりで、聞き手が安心感を覚えたり、勇気づけられたりする場合、そのやりとりは効果的だと言えるでしょう。

興味深いことに、そのような場合には、言葉の内容そのものよりも、言葉に対して聞き手が持つイメージや、音声のパターン、会話の文脈などの方がずっと重要なのです。

理解や信頼感は、話し手と聞き手が内容について同意したから生じるのではなく、聞き手の側に安心感や勇気づけられた気分が

起こったことによって生じるのです。子どもとの会話では、このことをぜひ心に留めておいてください。

● 話題の中に気持ちが間接的に表現される

子どもは、自分の感じている恐怖や、希望、要求を間接的に表現します。子どもたちとのコミュニケーションにおいて、話の内容が一番大切なのではありません。

先生が「自分は○○だと思う」「自分は○○だと感じた」など、自分を前面に出して相手にメッセージを伝えるやり方は、子どもが無意識のうちに相手が言って欲しいことに合わせてしまったり、防衛的になったりする危険があります。

逆に、お互いに直接関わりのない出来事について話す時、距離が縮まることがしばしばあります。

自分がどのように考えたり感じたりしたかをあまりに多く伝えすぎると、グルーミングや効果的に語るということから、かえって遠ざかってしまうのかもしれません。

● 暗に仄めかして伝えてくる

例えば男の子は、「今日は気分がいい」や「あなたが僕の先生でよかった！」と、直接的に自分の気持ちを表現するとは限りません。その代わり、スポーツの試合の話やテレビ番組の話の中などで、自分の思いを表現することがあります。

表面的には、自分のことを振り返って語っているわけではないし、個人的なことを話しているわけでもありません。時には、話の内容がちんぷんかんぷんなこともあるかもしれません。しかし、実際のところ子どもは、このような形で自分の気持ちと、先生とつながりを持ちたいという希望を表現しているのです。子どもた

ちは、自分の気持ちを言葉ではっきりと表現するのではなく、暗に仄めかして伝えます。

　例えば、ある男の子が、自分のサッカーチームの得点について話したそうにしていたら、重要なことは明らかです。
　彼は試合について詳しく語る中で、本当は「自分はうれしい」「あなたが僕の先生でよかった」と伝えているのです。
　このように、子どもが何か外のものについて語る中で、その子の性格やどんな気持ちでいるか、その時どんな状態にあるのかということがはっきりと摑めることがよくあります。たとえ天気の話をしていても、その子の気持ちとつながったり、その子のことを理解したりすることが簡単にできる場合も多くあるのです。

●いろんな話題が、子どもの心につながる道になる

　先生は、子どもたちが様々な話題や興味・関心について表現できるような機会を作らなければいけません。
　学校でのコミュニケーションは、勉強のことや生徒指導に関すること、教育相談に関わることなどに限定されるのではなく、様々な話題へと開かれていていいと思います。

　子どもたちは、自分が達成したことを自慢してもいいし、怖い話や、噂話、あるいは本当か嘘かはっきりしないような話をしてもいいはずです。冗談を言ってもいいし、少しなら私語だってしてもいいのです。
　このようなやりとりは、休み時間や特別な行事の時に生じるかもしれませんし、廊下や通常の授業の中で自然と起こるかもしれません。いつ起こるにしても、これが先生が子どもたちの心に触れるのを助ける手段になるのです。

講義 ②

子どもの心を開くツール

1 紙芝居の魅力の秘密

子どもの心を開くツールとして、
紙芝居がとても有効です。
紙芝居にどんな力があるのか、さぐっていきましょう。

紙芝居の力

● 日本古来のストーリーテラー、紙芝居のおじさん

　先生が子どもたちの心を開くには、何かツールがあると助かります。話をすることについては、戦後の日本で活躍した「紙芝居のおじさん」のことを考えるとヒントになります。

　「紙芝居のおじさん」は、第二次世界大戦直後の日本でよく見られました。

　人がごった返している通りの中に、1人の男性がいます。

　その周りには子どもたちが集まって、何やら熱心に話を聞いています。

　派手な色の服と帽子を身につけた男性は、何枚かの絵が入った木の枠の横に立っています。

　男性はおどけた様子で声色を次々に変えては、絵の中を指さしたり、ジェスチャーをしています。

　子どもたちはニコニコしていて、声をあげて笑ったり、呆気にとられたりしています。

　じっと男の様子を見ている子もいれば、話に聞き入っている子、びっくりしている子、ちょっと怖がっている子もいます。

紙芝居は、当時の子どもたちにとって格別の楽しみでした。他に娯楽がなかった当時、この不思議なおじさんは、子どもたちをとても楽しませました。紙芝居は、物語、つまりお話で子どもたちを引き込みました。

紙芝居のお話にはコメディー、ファンタジー、恋愛もの、冒険ものなど、あらゆる種類がありました。そしておじさんは、物語の合間にお菓子を配ったり、幕間の出し物をしてみせたりして、子どもたちを飽きさせませんでした。

おじさんは紙芝居の最中、登場人物になりきったり、変な顔をしたりしていました。

紙芝居の目的は、聞き手の注意を引き続けることです。

紙芝居のおじさんが使っていたツールが、物語だったのです。もちろん絵も観客を惹きつけなくてはなりませんが、物語はもっと聞き手を惹かなければなりません。

そうでなければ、子どもたちやたまたま見に来ていた大人からも関心を持たれなくなってしまうのですから。

● 聞かせる能力のあるストーリーテラー

「紙芝居のおじさん」は、「ストーリーテラー」としての役割を担っていたと言えます。ここで言う「ストーリーテラー」は、物語を人々に話して聞かせる能力がある人間のことをそう呼ぶと思ってください。

ストーリーテラーの言葉は、現実とは違う幻想的な世界へと私たちを誘い出します。

ストーリーテラーは、私たちの空想、恐怖、希望、願いを巧みに引き出し、それにより私たちは魅了され、馴染みがなかったり

講義
2
子どもの心を開くツール

未知だった領域に連れて行かれます。

　物語の力があれば、私たちは日常における単調で嫌なことを忘れ、別の場所へ移動できるようになります。想像で、「今、ここ」の現実を離れて、暗い森の中の探検家になって狼に出会ったり、王子になって人魚に魅入られたり、英雄になってドラゴンと闘ったりできるのです。

　腕のいいストーリーテラーは、私たちに色々な感覚を呼び起こし、恐怖や昂揚感、悲しみを感じさせることができます。つまりストーリーテラーは、ただ言葉やイメージをうまく使うだけで、相手を変化させるのです。

　このようにして物語は、私たちの心を開く道具としてストーリーテラーに使われてきました。

● 媒体としての物語

　物語は、いわば「媒体」や「ツール」です。

　適切な物語を使うことで、ストーリーテラーは聞き手の心を開き、その結果、思いがけないイメージや感情、想いが聞き手の心に湧き起こってきます。

　ストーリーテラーはこうして、聞き手がこれまで無自覚だった心のプロセスや考えに働きかけます。要するに、うまく物語を語れば、ストーリーテラーは聞き手の心の秘められた部分に「つながって」いくことができるのです。

　心理学やコミュニケーションの理論を学んだことが無いとしても、ストーリーテラーは「想像の世界」につながっていくことができます。

「想像の世界」とは、私たちの内面にある、空想や記憶、夢が混じり合う領域です。

● 紙芝居が今どうなったか

残念なことではありますが、今となっては紙芝居はほとんど残っていません。熱心な少数の人を除けば、その伝統は絶えてしまいました。

紙芝居が追いやられてからどうなったかと言うと、マンガやドラマ、ゴシップ記事や映画などが物語を発信して、子どもも大人も楽しませるようになっています。

要するに、物語は面と向かって話されることがほとんどなくなり、その代わりにヴァーチャルな世界の中で伝えられるようになったと言えます。

今では、物語は自分で想像しなくてもすでに映像になっているし、紙芝居のおじさんのようなストーリーテラーはもはや時代遅れなのです。

これにより物語を聞くことは、紙芝居のような「1対1の出会い」ではなくなりました。わざわざ人に実演させなくても、物語は消費できるようになったのです。

とはいえ、心の奥底に根付いていたはずのストーリーテラーや紙芝居が、そう簡単に不要になるものでしょうか？　例えば時代とともに、物語や紙芝居の力が求められる場所が、以前と変わっていったと考えられないでしょうか？

実は紙芝居は、娯楽としてではなく、教育の現場で子どもたちの心を開くためのツールとして活躍し、成果を出し始めているのです。

2 教育現場での物語の活用

物語は人の心を動かす力を持っていて、
教育や心理療法において重要な役割を果たしています。
なぜ物語が力を発揮するのかを考えていきましょう！

学校での物語の利用

● 困ったクラスでの初めての利用

ここからは私の体験を紹介しながら、物語についてさらに考えていきたいと思います。

以前、私の研究グループが、男子の集団がやかましく、やりたい放題で困っていたスイスの学校のあるクラスを訪ねた時のことです。中には、私たちを見て冷笑を浮かべる子さえいました。みんなが何とも冷めた態度で、協力する意思などまるでないようでした。

こんな時、心理療法家や教師がこのクラスの問題に取り組むとしたら、どうするのがよいでしょうか？　例えば、子どもたちを叱り飛ばし、クラスで一番反抗的な子どもを教室から出して、態度が改まるようなトレーニングをさせるというのも1つのやり方でしょう。

しかし私たちはその時、怒鳴ってルールを覚えこませようとはせず、別のアプローチをとってみることにしました。物語を聞かせることにしたのです。静かにするよう注意しながら（もちろんそれでは聞きませんでしたが）、とにかく私たちは子どもたちに物語を語り始めました。

それはいろんな人が乗り合わせた飛行機が事故に遭って、マダガスカルのジャングルに迷い込むという物語でした。

私たちは、その効果にすぐ驚かされました。次第に子どもたちのざわめきはおさまり、さらにそれどころか、彼らは集中して聞き入るようになったのです。冷笑的な態度とうって変わって、協力的な態度さえ示すではありませんか。

この体験から、私たちは物語が力を持っていて、重要な役割を担いうることを確信しました。

● 教育と心理療法で物語が力を発揮

時代は変わり、物語は人から人へと広場や公園のような場所で話されるものではなくなりましたが、教育や心理療法においては確かに役立つのです。心を動かしたり、活気づけたりするような、あるいは日本には心を重くさせるような物語を聞きたいと心の底から望む気持ちは、教育や心理療法の場面で以前と変わらず現れてきます。

子どもたちは、誰かから直接物語を聞かせてもらうのが大好きです。問題は、私たちの社会においては、このようなことができる機会がほとんどないということです。

物語を求める強い思いは、現代ではメディアで流れる物語で満たされてしまっています。私たちは、人から直接物語を聞くことは、テレビで見たり、本で読んだりするのと違う特別な性質がある、ということを忘れてしまっているのです。

ストーリーテラーという人物像は、私たちの心の中に変わらず生き続けていて、ただ活躍の場を以前とは別の舞台に移しただけと言えるでしょう。

その別の舞台こそ、教育と心理療法なのです。先生は子どもた

ちに直接話をする機会を作る必要があります。

● なぜ物語が力を発揮するのか

なぜ物語が教育的な場面や心理療法で力を発揮するのかということについては、心理学の立場から見るといくつかの明確な根拠があります。

人間は「文学的な動物」と表現されることもあるほどで、自分自身を理解するために物語を紡ぎ出します。「日々物語を生きている」とも言えるようなこの状態は、古代から脈々と今に至るまで続いてきたものです。

私たちは言葉を使って、経験したり、決定を下したり、頭の中で考えをまとめたりしています。つまり、身の周りの世界や私たち自身について理解するために物語が常に作り出され、その結果、私たちの心は物語を中心として構成されていきます。

物語には、私たちの行動にまとまりを持たせ、目標を持たせるために機能する面もあると言えます。私たちは物語を強く求めているだけでなく、日々の体験から常に物語を作り出しているのです。しかし私たちは、普段そのことにあまり気づいていません。

私たちが作る物語のメカニズム

● 物語と事実の不一致

物語がどのように学校で役立つかを考える前に、人がどのように物語を作るかを知っておきましょう。

次のような体験には、誰しもが思い当たるのではないでしょうか。子どもの頃の出来事について、誰かに話したとします。そし

て周りに、同じ出来事や体験を見ていたきょうだいや友人がいたとしましょう。すると黙って話を聞いていたはずの人が、楽しく話しているところにいきなり割り込んできて、間違いを正そうとします。

　気の強い姉でもいたら、「そんなの嘘よ！」と言ったかと思うと、自信たっぷりに同じ出来事を違うように話し出すでしょう。そうなるとたいてい、2人は互いに「自分が正しい」と譲らなくなって、「相手が間違っているに決まっている」と思うようになるのです。

　私たちは普通、自分の想像するイメージだけは間違いない、細部まではっきり覚えていると思っています。このような議論はよく白熱しますが、結局、話は平行線のまま終わることが多いものです。

　実はこういう議論は、2人とも見当違いをしています。「実際」どうだったかは、的はずれの議論です。出来事について些細なことまでも覚えていて、記憶は正確だと確信できたとしても、話の内容には間違いがあるものなのです。なぜなら人は現実に起こったことをそのまま記録できず、代わりに自分に合うように物語を作るからです。

●個人的な物語は心の要求に従って作られる

　幼い頃の記憶は格好の材料で、そこから虐待やネグレクトの話、はたまた武勇伝めいた話など、色々な物語が作られます。人生を録音したり撮影したりできない替わりに、私たちの心は、体験したことや記憶を素材に人生の物語を作るのです。

　そして、自分の性格や置かれた状況に合う物語を作るため、体

験や記憶は知らず知らずのうちにうまく取捨選択されています。このようにして、心の要求に沿った物語が作られてゆくのです。

　つまり人は、膨大な記憶からちょうど合うような出来事を選び出して物語を作るのです。

● 個人的な物語の果たす機能

　どうしてそんな都合のよい物語が作られるのでしょうか。実は私たちが作る物語には、心を守る機能があるのです。物語は、都合の悪い事実や失敗など、人生での色々な不快な事実から私たちを守ってくれます。

　例えば自分のことが客観的に見えてしまった時、人はイライラしたり恥ずかしくなったりすることがあります。それよりは、自分を守っていたいのです。

　学校で失敗したとか、創造的でなかったとか、白い目で見られたということは、忘れたいものでしょう。ですからそのような内容は、自分の物語にはあまり含まれません。

　また新しいチャレンジに向かう時にも、物語は作られます。例えば恋が始まった時、この新しい恋人こそ自分を理解してくれる最高の存在だと感じることがあります。

　その時は、価値観や性格がかなり違っていても、それはほとんど見過ごされます。恋人たちはロマンチックな愛の物語を作ろうとして、その物語に説得力を持たせるような出来事やイメージを選び取っていきます。

　皮肉っぽい見方ですが、協力や理解といった物語は、男女というとてつもない違いをどう乗り越えるかという課題のために作ら

れるとも言えます。

　あるいは、自分とは異質の存在とつながろうとする時に、大がかりな物語が作られる必要が生じてくるとも言えます。例えば祖国を去らざるを得ない人々は、新しい土地に向かいながら夢のような理想郷を思い描いたと言います。
　全く新しい環境とつながっていかねばならない時、彼らはその不安から守られる必要があったのでしょう。物語はこのようにして私たちを励まし、不快な細部を消し去って活動的にさせてくれるのです。

●個人的な物語の影響

　物語は、行動レベルで私たちに影響を与えて変化させます。説得力のある物語が生じてくることで、行動が変わることがあるのです。そうした物語は私たちの行為、知覚、気分に影響します。
　例えばある男性に会おうとしている時、「その男は先日、妻に暴力をふるった」と聞くか、「最近職場でいじめられている」と聞くかによって、男性への見方はまるで変わってくるでしょう。私たちは彼のしぐさ、言葉、外見を、彼について聞いた物語に沿って解釈していくのです。

　物語はまた、自尊心を高めるように作られていく面もあります。もし両親や学生時代の友達が、昔から賢かったよねとか、独創的だったねと言ってくれるなら、このような物語は大人になってもよい影響を与えてくれます。そうすると自信がついて、日々の課題をうまくこなしていきやすいでしょう。
　ただ実際の能力とあまりにも差があると、物語は信じがたくなって効果は薄れてしまいますが……。

講義②
子どもの心を開くツール

3 個人や集団にとって 意味のある物語

子どもたちに語る物語は何でもよいわけではなく、
意味のある物語を選ぶことが大切です。
意味のある物語が何かを考えていきましょう。

特別な意味を持つ物語

● 物語が意味を持つと何かが変わる

　多くの人に知られている物語の中には、特別な意味と価値を持つものがあります。そのような物語は、心に響いてきて、私たちは登場人物に深く感情移入することになります。

　例えば世界各国の神話は、その国の国民が集団として感情移入をする物語です。アメリカの感謝祭の日に「ピルグリム・ファーザーズの誓い」が毎年復唱されることや、イギリスの祝日の1つに「ガイ・フォークスの日」という、国王を襲撃しようとした男の物語に基づいているものがあるのがその例です。

　そのような集団のレベルだけでなく、個人的なレベルでも、私たちはそれぞれ意味ある物語を持っています。過去の友人関係や仕事での自分の役割についての物語などがそれにあたります。意味ある物語を聞いたり語ったりすると、身体的な感覚が生じ、感情も起こってきます。些細な偶然の出来事であっても、感情を伴った生き生きしたものとして体験されるようになるのです。

　物語は、私たちの人となりを決める色々な要素を捉えるのには欠かせないものです。

　例えばある状況で不安になってしまうのは、子どもの頃に似た

ような場面でトラウマを抱えてしまったからかもしれません。また、自分のことを芸術家肌だと感じる人は、かつて周囲から理解されにくかった体験を持っているかもしれません。

このように普段漠然と感じられていた感覚の意味が、過去の体験と結びついてわかることがあります。それこそ物語が意味を持つ瞬間であり、その時には突然閃くような感覚が起こります。それは時に、神の啓示とすら感じられるほどの感覚です。

物語が意味を持つと、何かが転換するような感覚とともに強く励まされる感じがして、「これから状況を変えていくことができる」という感覚が内側から湧き起こってくるのです。

● どんな物語が意味あるものになるのか

物語の内容は、どんなものでもいいというわけではありません。個人的に作られる物語には、私たちの身の回りや心の中にある問題や課題が必ず反映されています。

つまりそれぞれの文化に根差したものとして、私たちが直面する問題を映し出していなくてはなりません。そのような物語だけが、私たちの課題や人生全体をまとまりのあるものにし、私たちを守る器となってくれるのです。

さらにそのような物語は、その時代にその社会が抱えているテーマと、何らかの形でつながりを持っています。古代民主国家と先進国とでは個人の作る物語は違ってきますし、都会と田舎とでも同様のことが言えます。

要するに個人的な物語は、その個人の属する社会での男女の役割や、その社会が直面している危機や不安などの問題と、ある程度共通する部分を持っている必要があるということです。

講義
②
子どもの心を開くツール

学校で意味のある物語

● 先生と紙芝居のおじさんの共通点と相違点

先生の置かれる状況は、紙芝居のおじさんの置かれる状況にある意味似ています。どちらも、落ち着きがなくてやかましい、わがままな子どもたちの注意を引きつけねばなりません。

紙芝居のおじさんの仕事は、ガヤガヤした子どもたちに物語を聞いてもらうことです。一方、学校の先生の仕事は、ふざけたり、退屈していたりする子どもたちを、授業に集中させることです。

先生も紙芝居のおじさんも、集中力がなく、妨害したりうるさくしたり、しょっちゅうこちらを不快にさせる子どもたちに向き合わざるを得ません。そして同時に、熱心で、ものわかりのよい子どもたちをも満足させなければなりません。つまり、様々な子どもたちの期待に応える必要があるのです。

先生も紙芝居のおじさんも、人柄だけでは勝負できません。そこで、子どもたちの関心を持つ内容で注意を引きつける工夫が必要になってきます。そのためには、お話を魅力的なものにしなくてはいけません。こんこんと説教を始めるようなことは、絶対にしてはなりません。

もし相手に物語を聞いてもらい、理解してもらおうと思うなら、先生も紙芝居のおじさんも、聞き手の立場に立ってみることを忘れてはなりません。「話を聞いた子がどう思うか」を意識する必要があります。

しかし当然ながら、紙芝居のおじさんと先生との間には違いも多くあります。例えば、子どもたちは学校にいなくてはならないので、先生の話は聞く価値がないと思っていても、原則的に学校

から帰ることはできません。また先生は、子どもを楽しませておけばいいのではなく、子どもたちに決まった課題をしっかりやってもらわねばなりません。

　先生の気持ちとしても、子どもたちを驚かせて面白がらせるだけでは不十分で、課題をやりきって欲しいと感じるでしょう。

● 子どもは物語の不思議さに惹かれる

　紙芝居は、子どもたちを惹きつけます。けれど、そのような子どもたちも、やがて大人になれば紙芝居には惹かれなくなり、紙芝居のおじさんやストーリーテラーのふわふわとした雰囲気が一体何なのか受け入れられなくなります。

　なぜなら大人になると、試験にパスし、質問に正しく答え、物事の正否を判断することがどんどん大事になっていくからです。

　しかし子どもたちは、初めは大人ぶった反応をするかもしれませんが、紙芝居や物語の不思議さに自然と惹かれる気持ちを必ず持っています。

　先生は子どもたちの成長のために、何とかして子どもたちを落ち着かせる方法を見つけなくてはなりません。そのためには、どうすればよいでしょうか?

● 先生の言葉で子どもたちの感性に合わせて話す

　紙芝居のおじさんと先生のどちらにも大事なツールは、物語です。物語は、子どもたちの気持ちや考えにつながるための道具になります。心に訴える物語を話すことができれば、子どもたちは自然と惹きこまれてきます。わくわくするストーリーや謎めいた展開を楽しんでいるうちに、子どもの方から先生に質問をして、関わりを持とうとしてくることもあります。

65

ここで大事なことは、先生自身が物語を話すことであり、またその物語が、聞き手の子どもたちの感性に合うものであることです。

　教育的なメッセージが見え見えだったり、あまりに道徳的だったりするような物語は、子どもたちの心には響きません。教育的な意図が見えた瞬間、彼らは一気に白けます。子どもたちは、自分たちをしつけるための物語は聞きたがらないのです。

　子どもたちが求めるのは、彼らの心を開き壁を取り除いて、まだ知らない人生の課題をそっと指し示してくれるような物語です。また物語は心と密接に関わるので、聞いていると思わず感情が動いたり、困惑したり、好奇心が刺激されたりするはずです。

　先生の話す物語は、人生における課題を反映しているだけでなく、新しい世界やさらなる挑戦へと導いてくれるようなものであるべきなのです。

● 紙芝居を「ミソドラマ」に取り入れる

　これまでお話してきたように、学校の先生は、ストーリーテラー、あるいは紙芝居のおじさんを参考にすることで、子どもたちと新しい関わりを持つことができます。子どもたちの心に繋がっていき、雰囲気を作り、子どもたちを学校や学びに適応しやすくする、そのようなツールとして物語が役立つのです。

　そこで私たちは、新しいアプローチの提案をしたいと思います。次で詳しく紹介する「ミソドラマ」です。私たちはこれを応用し、学校現場に紙芝居と物語を持ち込む方法を編み出しました。

　もしあなたが、仮面の下に隠されている気持ちまで理解しながら子どもたちに関わっていこうとするなら、クラスでミソドラマを活用する方法はきっと役立つはずです。

講義 ③

ミソドラマに挑戦

育ちのプロセスを進めるために

　先生は、子どもたちが様々な分野について学び、力を身につけていけるようにするという独自の役割を期待されています。

　このような育ちのプロセスを進めていくために先生に必要なものの1つは、学びの場として最適な環境を作り上げ、子どもたちがきちんと行動し学べるように動機づけることです。つまり、先生は効果的な教育方法をよく知っている必要があるのです。

　そして、育ちのプロセスを進めるために最も重要なことは、子どもたちとの関係なのです。先生は子どもたちとつながり、彼らのことを感じて、心の中で何が起こっているのかをつかんでおかなければなりません。

　先生たちは教える技術についてだけでなく、子どもたちと関わることにおいてもエキスパートであるべきなのです。

　例えば子どもがひどく落ち込んでいたり、いじめられていたり、のけ者にされたように感じていたり、怒っていたりするなら、先生はそれに気づいてあげなければなりません。

　子どもたちの育ちを助けるためには、彼らの心の中の世界や思いにつながる必要があるのです。

「適応という罠」をくぐりぬける方法

　子どもたちの心につながることは、簡単なことではありません。なぜなら学校は社会的な場であり、そこではみんな、自分自身を

守るために、心の奥の感情や思いを隠す傾向にあるからです。難しいのは、「適応という罠」（p.34）のせいで、私たちはだまされやすいということです。

　ある子どもが、同級生からいじめられていたとします。先生は、最近その子の気分が沈んでいると思って声をかけますが、その子は先生に本当のことが言えず、「元気です」としか言わないことはよく起こります。

　面と向かってのコミュニケーションには限界があります。先生にまっすぐ目を合わせてこられると、子どもたちはしばしば、自分の気持ちや悩んでいることを伝えたり、実際の状況を語ることができにくくなります。

　たとえその生徒が先生を信頼していて、真剣に聞いてくれる人だと知っていても、自分自身のことを言葉でうまく表現するのは、多くの子どもたちにとって、とても難しいことなのです。

　このような時、先生は子どもたちの心とどうすればつながることができるのでしょうか？　ここで、ミソドラマの出番です。

　すでにご紹介しましたが、ミソドラマとは、参加者に物語を読みきかせ、その結末を自由に考えてもらい、それを劇にして演じてみることを中心とした集団療法の一種です。

　心の中を直接言葉で表現させようとすると、子どもたちにきまりの悪い思いをさせたり、彼らのプライバシーを侵してしまったりすることがあります。しかしミソドラマを用いれば、そのようなことにならずに、子どもたちの心の表面にかけられた覆いの奥にあるものに近づいていくことができるのです。

講義
③

ミソドラマに挑戦！

ミソドラマを始める前に

本来、ミソドラマはあらゆる年代に適用できる集団療法ですが、本書では学校で行う場合を考えます。
まずは、全体の手順を説明します。

参加者
● リーダー（大人）、子どもたち

　リーダーとは、全体の進行を司る人物です。子どもたちの中からリーダーを選出するのではなく、担任の先生など、誰か大人がリーダーになります。全体に目が行き届くことが望ましいので、リーダーの他に、何人かの大人が補助で入ることが望ましいです。

場所
● 体育館、音楽室など

　体を使ったウォーミングアップや、小グループでの活動、劇発表などを行うので、ある程度の広さがある動き回れる空間がよいでしょう。机や教材があるので、教室は適しません。何より、子どもたちがルールや規則を連想する場所ではない方がよいです。

道具
● 画用紙、クレヨン、ペンなど

　ミソドラマの中には、子どもたちに絵を見せたり、あるいは子どもたち自身に絵を書いたりしてもらうステップがあります。

♣ ミソドラマの大まかな手順 ♣

		手順	必要なもの
準備 I		1) 問題を見つけ、仮説を立てる	
		2) 物語を選ぶ	
ミソドラマ	始める II	3) 導入とウォーミングアップ	
	お話をする III	4) 物語の登場人物の紹介	登場人物の絵（作る）
		5) 物語を読みきかせる	お話の絵（作る）
	想像する IV	6) 物語の終わりを想像する	
	表現する V	7) 想像したものを絵に描く	紙・クレヨン・ペンなど
		8) 物語の終わりを決める	紙・クレヨン・ペンなど
		9) 物語の終わりを演じる	
	読み解く VI	10) 解釈する	
	決める VII	11) コンクリートチェンジ（解決策を決める）	

ミソドラマの手順

前ページの表の流れに沿って、
ミソドラマの手順について具体的に説明していきます。
必要に応じて、読むところを選んでください。

Ⅰ　ミソドラマの準備をする

1　問題を見つけ、仮説を立てる

　初めに、クラスの中に生じていると考えられるテーマや葛藤を見つけます。担任の先生が気づいたことや、推測したこと、子どもたちや保護者から得た情報などを手掛かりにしながら、クラスで何が起こっているのか仮説を立てます。
　例えば、友達関係の問題が子どもたちの悩みになっているかもしれないという仮説を立てたとします。このように仮説を持つことが、ミソドラマ的な介入の出発点です。

2　物語を選ぶ

　仮説を立てたら、次はその仮説に適した物語やウォーミングアップを探します。先生の推測や直観に沿って、物語を絞り込んでいくのです。
　例えば、友達関係のことが問題だと考えられる場合は、友情に

関連する物語を選びます。物語を選ぶには、3つの重要なポイントがあります。

❶問題がはっきり描かれていない

テーマは、簡単に気づかれないように提示します。もし子どもたちが、物語の中で提示されている問題に気づいてしまったら、自分自身を守るために、自分の感じていることや考えていることを隠してしまうかもしれません。

このような心の動きが生じるのを防ぐために、現実とは異なる国、文化、時代背景の物語の中にテーマを隠します。例えば「集団の圧力」といったテーマを、アマゾンの金鉱採掘者の物語や、アルプスの牧場で働く人の経験談の中に織り込むのです。

❷常識や道徳的な規範がテーマとなっている物語はだめ

ミソドラマでは、常識や道徳がテーマとなっている教育的な物語は、子どもたちの心に届きません。そのような物語が提示されたら、叱られているように感じ、「適応という罠」の中に戻ってしまいます。

ミソドラマで用いられる物語は、意地悪だったり、過激だったり、奇抜だったりします。子どもの関心を引き、心のバリアを取り払うためには、物語にそういった特性が備わっている必要があります。

このような物語が子どもの心を揺り動かし、そこから彼らが自発的に考え、自分自身と向かい合っていくチャンスが生じます。

❸物語の結末を用意しない

子どもたちに物語を読みきかせますが、クライマックスの直前でお話をやめてしまいます。物語を、教育的なツールとしてでは

なく、子どもたちが自由にものを考え始めるきっかけとして用います。

子どもたちは、物語から得た比喩やイメージや人物像を助けにしながら、きまりの悪い思いをせずに、自分自身を表現したり問題を扱ったりすることができるのです。

II　ミソドラマを始める

3　ミソドラマの導入とウォーミングアップ

子どもたちが集まったら、リーダーは、まずミソドラマを行う理由や目的を簡単に伝えます。

次にウォーミングアップ、登場人物の紹介、リラクゼーション、物語、イマジネーション、個人のワークとグループでのワークといった、ミソドラマの手順について説明します。

ウォーミングアップの中で、子どもたちが本当に感じていることを明らかにすることはありません。ここでの目的は、子どもが何かを考えたり、自分と向き合ったりする作業に取り掛かることです。ですからここでリーダーは、今からどうすればみんなが安心して楽しく過ごせるかを考えることを伝えます。

❶ミソドラマを、1回の時間枠で行う場合

ミソドラマの目的が、コンクリートチェンジ（具体的な変化）を決意することだと子どもたちに伝えます。

❷ミソドラマを複数回に分けて行う場合

　リーダーは、ミソドラマの主旨を説明します。クラスの中にあると思われる問題や課題について、明確に伝える場合もあります。その場合、子どもたちが、これから自分たちのことが調べられると感じないように、楽しげな雰囲気を保つことが大切です。

　「これからちょっと特別なことをします！　最初に軽くウォーミングアップをしますね。それからみんなにいくつか質問をして、あるお話を聞いてもらいます！」という風に説明するとよいでしょう。

♣ ウォーミングアップのヒント ♣

★カードや絵、ロープを使う

クラスで起こりそうな問題や状況、様々な気持ちなど（緊張状況、仲間内のプレッシャーや、怒りなどの情緒的な状態）を表現したカードや絵を用意。
　それを床に置き、子どもたちに、自分の状態を表すのにぴったりしたものを選んでもらう。

床にラインを引いたりロープを置き、一本の線を作る。
　片方の端を、満足している状態、もう片方の端を不満な状態を表し、子どもたちに、自分にぴったりな位置を選んでもらう。

❸ クラスの中で、明らかに問題が生じている場合

　暴力問題や生徒間の衝突、先生との衝突など、クラス内で問題

や課題が生じているのが明白な場合は、子どもたちがそれをどのように感じているかを明らかにしてからミソドラマを始めることが望ましいです。この時、遊びのある雰囲気の中で、子どもたちが感じていることは自由に表現してもいいと保証されている必要があります。

　またクラスで深刻な事件が起こっていて危機介入が必要な場合は、リーダーが現在の状況についてどう感じているかをまず話し、単刀直入に説明した上でミソドラマを始める方がよいでしょう。

III お話をする

4　物語の登場人物の紹介

　次に、物語の主要な登場人物を紹介していきます。登場人物の絵を用意し、黒板に貼ったり床の上に置いたりして、子どもに見えるように提示します。リーダーは、絵を指しながらそれぞれの人物について簡単に説明します。

　例えば「この男はジョンといって、ずる賢いやつなんだ。彼は面白いから友達には好かれているけれど、先生たちは、ひねくれ者で挑発的だと彼を嫌っているんだ」というように説明します。

　人物紹介を行うことで、子どもたちは自らでもっと多くの特徴や設定を想像するようになります。例えば、どんな顔をしているのか？　どんな家族がいるか？　なぜ挑発的なんだろう？　などと想像するのです。ですから、登場人物の設定はあまり作りこま

ず曖昧にしておいて、子どもたちが細かい部分を想像できるように
します。

　ここでの目標は、子どもが自分の好きな登場人物を選べるように
なることです。それぞれがお気に入りのキャラクターを持てる
と、物語が語られた時に、みんなが自分なりの聞き方をするよう
になります。

5　物語を読みきかせる

　いよいよ、お話をする時です。絵を見せながら、物語を読みき
かせます。子どもたちはどんな体勢で聞いていても構いませんが、
お話の間は必ず静かな雰囲気を保ちましょう。

　読みきかせは、本や原稿を読み上げるのではなく、そらで覚え
て話さなければなりません。これには多少の準備と経験が必要で
すから、リーダーはあらかじめ物語の大筋を覚えて、重要なシー
ンを心に描く必要があります。ただし覚えると言っても、一言一
句正確に語るのではなく、自由に細部を加えたり、変更したり、
状況を変えても構いません。

　正確に物語を覚えるよりも、生き生きと語ることの方が大切で、
そのために場面や人物についてイメージしておくことも役に立ち
ます。

●「サプライズ」が心を動かす

　物語は、ちょうど日本の紙芝居のように、絵を見せながら語ら
れます。しかし紙芝居と違うのは、その絵が、語られている場面
を正確に描いたものではないということです。

　ミソドラマでは、見せる絵は、語られる内容と少し異なってい
るのです。絵には「サプライズ」（意外な要素）が入っていて、お

話には登場していない人物や、何だかおかしなところが見つかるかもしれません。

　例えば、リーダーが読んでいる物語では、主人公は安全で素敵な船で旅をしているはずなのに、絵の中では、主人公が乗っているのはボートぐらいのもので、大きな割れ目も入っていて、海ではサメが獲物を待っていたりします。このような要素が絵に加えられるのは、子どもたちの想像を膨らませるためです。

　こうした「サプライズ」は、彼らの心を揺り動かし、それをきっかけに、物語がどんなふうに続いていくか想像を膨らませ始めます。どんなことが起こってもいいし、あらゆることが起こり得ます。リーダーは、このような絵とお話との違いはあえて無視して、気づいていないふりをします。

　また物語自体にも、「サプライズ」の要素が必要です。物語は普通、時系列の中での一連の出来事です。出来事どうしは相互に結びつけられ、そこに論理的つながりが生じます。しかしミソドラマにおいては、聞き手が出来事の続きや物語の結末を予測できないようにしなくてはなりません。

　物語は予測できない展開を取ったり、いきなり新しい要素が入ってきたりします。突然物語の主人公がお風呂で大きな熊と出くわしたり、あるいは長い間付き合ってきた、大好きな彼女と結婚しないという決断をしたりします。

　物語はお決まりの構造を取るべきではありません。続きを予測できないということが、子どもたちの心を揺り動かすのです。

IV 想像する（イマジネーション）

6 物語の終わりを想像する

　リーダーは、クライマックスの手前で語るのをやめます。そして、子どもたちに物語の続きを想像するように促します。物語は、彼らの緊張が高まってきたところで中断するのです。
　「4人の若者が海賊たちに誘拐されて洞窟にたどり着き、つんざくような金切り声を聞きました。さあ、ここからどうなるのでしょうか？」という風に。
　聞き手の緊張が高まったところで、中断することが重要です。物語の展開によっては、誰かが犠牲にならないといけないなど、子どもたちは道徳的なジレンマに陥ることが出てくるかもしれません。

● 固まってしまった心を開く

　イマジネーションには、明確な目的があります。先に述べたように、子どもは学校において、周りに合わせた行動をしがちです。彼らは先生たちの希望や教室での規範、自分に求められている役割などを気にし、それに合わせることで学校という場に対処しています。
　問題は、子どもたちが学校に適応した行動をとることで、感じ方や考え方が固定的になってしまうということです。彼らは創造性を失い、新しい答えを見つけ出すのが難しくなります。
　イマジネーションの目的は、そんな風になっている子どもたちの心を開かせ、それまでは意識されなかった空想を許容することなのです。その空想は暴力的でも、気持ち悪いものでも、場違い

なものでもかまいません。

● "空想"と"現実"は違う

　多くの先生が、子どもが暴力的な空想をすることで、素行が悪くなったり、実際に暴力的になるのではないかと心配されます。

　「子どもが空想の中で学校に刃物を持ちこんだとして、それを実行に移さないという保証はない！　だから、イマジネーションは危険なものだ！」と。

　しかし、空想と現実はきちんと区別すべきです。刃物を持ちこむと空想することが、実際に攻撃することに直結するわけではありません。空想は、夢と同じように心理的イメージです。空想が映し出しているのは実際にしようとしていることではなく、心の中の世界です。想像の世界に入り込むことで現実的な世界から離れて、心の中にある風景や、ドラマの中に逃げ込めるのです。

● 想像の世界は創造性の源

　想像の世界は、私たちの中にある開かれた空間で、そこでは何でもできます。歌手になってコンサートを開いたり、エベレストに登ることもできます。私たちの空想は、現実とは関係がないのです！

　何か問題のあるイメージが頭に浮かんだとしても、倫理的な判断を失いません。大多数の子どもは基本的に社会的な存在で、自分の所属する社会の規範や作法を守ろうとするものです。

　ですから空想させると、その通りになってしまうというのはおかしな考えです。想像の世界ではめちゃくちゃなことをしていても、現実の暮らしの中では自分の行動を制限するし、ルールにはきちんと従うものです。小さな子であってもそのことには気が付いていますし、心の中のフィクションと現実の世界の区別をつけ

られます。

　想像の世界は、心の表現が生み出される場所であり、そこでは新しい考えを思いついたり、人生に対する新たな向き合い方を見つけ出すことも可能です。想像の世界というのは、創造性の源なのです。

● **みんなが想像できなくても大丈夫**
　イマジネーションは、簡単ではありません。多くの子どもが、空想や夢とつながりを持つことに難しさを感じるでしょう。
　目を閉じて物語の続きを考えたとしても、何も浮かんでこない子も多いです。そういった子どもは、何か現実的なものに気が向いて、気が散ってしまったりつまらなく思うでしょう。
　実は、子どもたちが想像できるかどうかは、リーダーから発せられる雰囲気やエネルギーにかかっているのです。子どもたちがリーダーのことを、遊び心があって心を開いてくれていると感じたら、想像しやすくなります。逆に、リーダーが厳しくて常識にとらわれた態度をしていると、子どもたちが夢を広げたり空想するのはもっと難しくなるでしょう。
　ミソドラマでは、みんながんばって想像するべきなのですが、全員がうまく想像できないといけないわけではありません。最終的には、自分たちの課題や問題の解決策を見つけることを目指しますが、全員がそこにたどりつく必要もないのです。
　例えば何人かが創造的なアイデアを考え出せたら、それをもとにクラス全体で話し合い、問題の解決に向かうこともできます。

表現する（パフォーマンス）

7 想像したものを絵に描く

　物語の結末について想像したら、今度はそれを絵に描いたり、言葉にしたりして、何らかの形で表現します。

　イメージを絵として形にするのは、とても大事なことです。なぜなら、その絵が自分の想像した場面を振り返ったり、考えを深めたり、人に伝えたりすることの助けになるからです。

8 物語の終わりを決める

　子どもたちを小グループに分け、自分の想像した内容をグループ内で話し合わせて、グループごとに共通の結末を決めてもらいます。

　一人ひとりの作った結末を合体させても、違う要素を選んで新しい物語を作ってもよいです。ただし物語の結末は、単純にグループ内の誰かが作った話を採用するのではなく、みんなで作り、グループ全体で結末を決めます。

　子どもたちに1つの物語の結末を選ばせ、その終わりにどう手を加えるか話し合います。話し合いだけではなく、全員で大きな絵を描いてみるという方法もあります。

● **全体に合わせようとしないようにサポートを**

　物語の終結を決める際、子どもたちが全体の傾向に合わせようとし始めることがよくあります。そうなると、みんながきっと受け入れるだろうと思うものに合わせてしまって、それぞれの個性

を失ってしまいます。

　このような場合は、グループでの力動というものが大きく影響を及ぼすので、個人の意見を自由に言える雰囲気が作れるようサポートが必要です。

9　物語の終わりを演じる

　グループで考えた結末を、子どもたちに劇で演じてもらいます。グループごとに、自分たちの考えた結末をみんなの前で発表するのです。

　リーダーは、発表の司会を務めます。始まりの合図をしたり、最後に一言コメントを言ったりする役割です。

● パフォーマンスが教えてくれること

　自分たちの考えた結末を演じる中で、子どもは自分自身をより正直に表現するようになります。

　選んだ役や考えたセリフは、心理学的にとても重要な意味を伝えてくれることがあります。普通、子どもはキャラクターを適当に選んだりはしません。選んだキャラクターやそれがどう演じられるかは、クラスの中でのその子の役割やパーソナリティを示しています。

　ある子は王様になって、周りの人に威張り散らし始めるかもしれません。また別の子は、他の人の陰に隠れて何も言わないかもしれません。そうした選択はたまたま起こるのではなく、パーソナリティの特徴を明らかにしてくれるのです。

　このように作った物語の中身から色々なことがわかるのですが、ミソドラマにおける行動の中に、特定のパターンが見つかることもあります。例えば、普段はおとなしくしている子が、ミソドラ

マでは急に毅然とした態度になり支配的になるかもしれません。子どもの行動を見ていると、その子のいつも通りの行動パターンだけでなく、普段は見られないような行動パターンが見られることがあるのです。

また、「身体言語」に着目することも大切です。例えば、ある子どもの動きが全体の流れの中に乗っているのか、浮いてしまっているのか見てください。

よく見ていると突飛な行動をしがちで、グループ全体の流れに沿わない子もいるでしょう。そうした子は、「クラスに馴染めていない」ということを身体で表現していることがあるのです。

VI 表現を読み解く

10 子どもたちの作った物語を解釈する

ミソドラマでは、最後に解釈を行います。リーダーは、最初に挙げられた問題や課題と子どもたちの表現を結びつけ、類似点を引き出します。

クラスや個々の子どもが苦心している問題をどうやって解決するのか、パフォーマンスはそのためのヒントがつまっている宝庫なのです。また子どもたちの表現を解釈することで、彼らの間で何が起こっているのか気づくのにも役立ちます。

こうした目的に達するためには、解釈をする際にいくつか注意が必要となります。

● 解釈は人の数だけある

　解釈をする際、私たちはまずあれこれと思いをめぐらせ、そしてその空想を誰かにあるいは何かに投影します。解釈は、科学的だとは考えられていません。なぜなら、その結果は証明できないし、他の人によって再現可能ではないからです。

　解釈の結果はたいてい、とても個人的で主観的なものです。どんな解釈をするかは、解釈する人の技量や知識、心構えなどにかかっています。いろんな人に1枚の絵を見せたとすると、きっとその人数と同じだけの解釈が出てくるでしょう。それと同じです。

● ミソドラマの解釈に必要なのは、客観性ではない

　人によって解釈が変わるので、解釈は危険なことだと言う人もあります。解釈に関するこうした議論は正当なものですが、ミソドラマに関する限り、それは重要ではありません。

　ミソドラマの中の劇や絵を解釈する時、決して確かな「証拠に基づいた」事実を求めているわけではないからです。私たちはただ、自分たちの視野を広げて、見過ごしていたかもしれない問題点を見つけたいだけなのです。

　解釈は、子どもたちとつながるための手段であって、彼らを客観的に評価するためのものではありません。また、解釈をする時には、私たちが子どもたちのすべてをわかっているわけではなく、彼らについて知っていることはごく限られたものだと自覚する謙虚さが必要です。

● 表現を象徴的に見る

　子どもたちへの新しい洞察を得るためには、劇や絵を"象徴的"に見る必要があります。「そこに何かメッセージが含まれているはずだ」という思いを持って、子どもたちの表現を見ていくのです。

講義
③
ミソドラマに挑戦！

イメージに意識を集中させることで、新しい考え方を浮かび上がらせようとします。そうすると、イメージが私たちの心の中に響き、共感をもたらしたり象徴に対する知識が役立つことがあります。

　そうした解釈をすることによって、リーダーは子どもたちやそのグループについてよりよく理解でき、新しい理解に到達できる可能性が生まれるのです。

● 隠された気持ちを知るための解釈

　子どもたちの本能的な衝動、密かに望んでいることは、多くの場合は隠されています。なぜならそういう気持ちを持っていることを自分で認めると、恥ずかしく感じられたり、ショックを受けたりするからです。

　そうした希望や要望は、普段表に出てきている価値感や態度とは矛盾しているため、ひっそりとしか姿を現わしません。そうした気持ちを隠すことは、社会生活に適応するためには必要なことです。

　しかし、そうやって覆い隠されたものは消えてなくなっているわけではなく、むしろ往々にして反対のことが起きます。

　そのような欲求を満たしたいという内側からの圧力が、どんどん強くなっていきます。密かな願いや衝動、欲求不満などは、子どもたちの中にくすぶっていて、爆発しそうになっているかもしれません。

　子どもたちを援助し問題を解決するためには、そうした気持ちを見抜く必要があります。それらを表面的なレベルで考えるだけではだめなのです。

　ここで、解釈が役に立ちます。解釈をすることで、子どもたちの笑っている顔や、冷めたような顔の裏にあるものを知ることが

できるのです。

VII 解決策を決める

11 コンクリートチェンジ（具体的変化に向け解決策を決める）

　最後に、クラスの問題や課題に対する「コンクリートチェンジ」を全員で決定します。リーダーは最初に挙げた問題に立ち戻り、ミソドラマが行われた理由と、その目的がどこに設定されていたのかを子どもたちに思い出してもらいます。

　子どもたちに、自分たちが実行に移せる解決策を決めるように働きかけるのです。

　「いじめに対して何ができるか」「どうしたら転入生がクラスに馴染めるか」「モチベーションを上げるために、どんな手段を取っていけそうか」

　などについて、みんなで話し合います。

　子どもたちを決定までたどりつかせるため、リーダーはみんなを引っ張っていかなければなりません。劇や絵、それらに対する子どもたち自身のコメントを素材とし、結論を導き出します。リーダーは、子どもたちと一緒に問題を解決するためのアイデアを探します。

　大切なのは、子どもたち自身にこうしたアイデアを提案して欲しいと伝えておくことです。もちろん、リーダーが自分の考えを提案して、自分の気づいたことを伝えてもかまいません。しかし

基本的には、実際に考えるのはあくまで子どもたち自身であるべきです。

　例えば「劇の中では、君は仲間と一緒に弱い人を守っていたけど、同じことがクラスの中でできそう？」「絵の中で、君は他の人が入れない場所を描いていたけど、学校の中でも同じようなところがあるといいと思う？」という風に。

　子どもたちから解決策が生まれた時には、彼らがその解決策をすんなりと受け入れやすくなるのです。自分が問題の解決に貢献できているという実感が得られますし、学校の中で起こっていることに対して責任感を持つようにもなります。大人に指図されなくても、自分たちの手で物事を決められることで誇らしくも思うでしょう。

　また子どもたちから生まれた問題解決策は、だいたいうまくいきやすいです。なぜなら、その解決策に対する子どもたちの思い入れが強いために、真剣に受け止められやすいからです。

● 変化を具体化することが大切

　ミソドラマにおいて、とても重要なことがあります。それは最終的にクラスにもたらされる変化が、具体的なものでなくてはならないことです。

　わかりやすく言うと、他のクラスの子や親が、何かいい方向に変わったな、と気が付くような状態にするということです。

　子どもたちに生じた変化を目に見えるものにするためには、具体的な問題解決にたどりつくことです。

　そのため解釈をして終わりではなく、「コンクリートチェンジ」が必要になるのです。

● 隠された問題に光が当たる

　ミソドラマの基本的な考え方は、"物語に何か別のものが表されている"とし、それを用いることです。物語は、表現できない感情や事柄を抱える器として機能し、教師が子どもたちの心の中の世界につながったり、クラスの中の力動を把握したりできるようにします。

　ミソドラマの中で、隠された問題に光が当たるようになることも、秘密の悩み事や緊張関係、隠れた問題がオープンになることもあります。

　問題がはっきりと言葉で表されなくても、教師がクラスの課題について扱うことが可能になるのです。

　子どもたちは自分の感情を間接的なかたちで表現できるので、言いたくないことを話す必要もありません。

● ミソドラマは隠れた心がわかる心理学的なツール

　子どもの隠れた本当の思いを引き出すためには、リーダーには感受性や先を見通すことが必要となります。しかしミソドラマによりリーダーは、考えるための素材が与えられるので何が起こっているのか仮説を立てられ、自然と子どもの本音が見えてくるのです。

　ミソドラマは明確な答えを与えるわけではなく、見方を広げるものです。物語は媒介物として機能し、それゆえ子どもたちの表情の向こうで何が起こっているのかについて解釈できるようになります。

　ミソドラマは、クラスや個々の子どもたちの中で何が起こっているのか理解するのにひじょうに役立つ、心理学的なツールなのです。

講義 ③

ミソドラマに挑戦！

象徴的に見ること

　象徴的に見ることは、子どもたちが表現したものを、何かに機械的に置き換えて読み取るという手法ではありません。例えば、「鳩」が出てきたらすぐさま「平和の象徴」と読み替えるようなものではないのです。

　そのように既知のものの代用的表現として1対1対応として読み取るのではなく、その表現が、その子の未知の可能性を表現しようとしているものとして、開かれた態度で見ていく必要があります（参考：河合隼雄、『ユング心理学入門』、培風館）。

　そのことによって、直接、表に現われてこない「可能性」に開かれるのです。

　表現を象徴的に見る場合には、そのイメージに含まれる、日常的で素朴な意味を超えたものを見ようとする態度が必要になります。そのためには、神話や昔話を通して、色々な象徴性を知っておくことが役に立ちます（参考：河合俊雄、『ユング派心理療法』、ミネルヴァ書房）。

実践例 1

事例に学ぶミソドラマ

日本でのミソドラマの挑戦

2つの学校での事例をご紹介します。
日本の学校でミソドラマを導入する際の工夫やポイントを挙げますので、参考にしてください。

♣ 日本でのミソドラマのプロジェクト

　アラン・グッゲンビュールは、スイスの学校においてミソドラマを施行し、特に校内で暴力をふるう子どもたちへの関わりで実績をあげ着実な効果を出しています。

　日本においてもミソドラマを導入することによって、先生が子どもたちの心を理解し、様々な行動を示す子どもへのアプローチのヒントを得たいと考え、小学校と中学校でミソドラマを行うプロジェクトを実施しました。

　ここでは、ミソドラマ試行への協力と本書への掲載の承諾が得られたA小学校とB中学校の2校での実施内容を紹介します。

【期間】2010年9月～11月
【監督】アラン・グッゲンビュール／桑原知子
【メンバー(リーダー役)】京都大学大学院教育学研究科大学院生12名
【参加者】A小学校・5年生の1クラス（23名）
　　　　　B中学校・1年生の1クラス（37名）

♣ プロジェクト全体の流れ

　2校の詳しい内容は後ほど紹介しますが、セッションの全体がわかりやすいように、まずはプロジェクトの流れを把握していきましょう。

　メンバーは、各校を4回ずつ訪問しました。

セッション①

　目的は、ミソドラマを行うクラスに関する情報を収集することです。学級担任などそのクラスに主に関わっている先生から話を聞きました。

　授業も参観してクラスの様子を直接見学し、クラスのテーマと考えられるものを見立てます。

セッション②

　子どもたちへ、ミソドラマ①のセッションをしました。

まず個々の子どもとクラス全体の緊張を解きほぐすために、ウォーミングアップから入ります。体を使った簡単なゲームを行い、体をほぐしてリラックスさせました。

　次にミソドラマを行います。クラスのテーマと関わりそうな物語を事前に作成し、紙芝居風に物語のイメージを膨らませるための絵を数枚呈示しながら、語って聞かせました。その物語の続きを子どもたちに想像してもらいます。

　最初は各自で考え、次に班ごとに話し合って、クラス全員の前で物語の続きから結末を劇で演じてもらいました。

　全班の発表後、発表によって活性化されたアイディアからクラスの「コンクリートチェンジ」（自分たちの問題に取り組むための現実的で具体的な解決策）を班ごとに考えてもらいました。

　各班のコンクリートチェンジの中から、クラス全体で1つを選んでミソドラマは終了。

セッション❸

　2回目のミソドラマ②も①と同様の流れで行いましたが、前回のミソドラマの様子を踏まえて、新しい物語を子どもたちに呈示して行いました。

　時間は、セッション1回につき1時間半程度でスケジュールを立てて行いました。

フォローアップ

　最後のフォローアップではミソドラマの様子や、ミソドラマから示唆されたクラスの集団力動について、先生にフィードバックを行いました。

　また、ミソドラマ施行後のクラスの様子や変化を、学級担任から聞きました。

♣ ミソドラマの流れ（セッション2・3）♣

ウォーミングアップ（約10分）

⇩

ミソドラマ（約80分）

・メンバー（リーダー）が物語を呈示する（約10分）

・個人で物語の続きを考える（約10〜15分）

・班で物語の続きを話し合う（約15〜20分）

・各班が物語の続きを劇にして発表する（約10〜15分）

・班でコンクリートチェンジを話し合う（約10〜15分）

・各班のコンクリートチェンジを発表する（約10〜15分）

⇩

クラスで1つコンクリートチェンジを選ぶ

⇩

メンバーからのセッションのフィードバック・まとめ

実践例
1

事例に学ぶミソドラマ

A小学校でのミソドラマ

A小学校への訪問は、4回行いました。
実際に行ったウォーミングアップと物語が、127頁からの「資料2 そのまま使えるミソドラマ」にあります。

♣ セッション1　学校見学と担任の先生との面談

《校内と授業見学》

　学内を歩いているメンバーたちに気軽に挨拶をしてくれる児童の様子からは、元気がよく人懐っこいという印象を抱きました。また、授業の中でも積極的に発言をしていて、自分の意見を素直に表現できる力があると思いました。

　周りの状況もよく見ていて、自分がそれに応じてどう振る舞ったらよいのかを敏感に感じ取れる様子も見られ、そういった賢さもあるように思いました。

　ミソドラマのようなみんなで何かをすることには、開かれている印象もありました。ただ、そのような明るく活発な子の中に、"静かな子"の存在が隠れてしまっているようにも感じました。

《担任の先生への質問》

　先生はクラスの児童に対して、"与えられた課題を一生懸命こなす真面目さと、1人が何か面白いことに夢中になると他の子にも一斉に伝染していくような幼さを持ち合わせている"という印象を抱いておられました。

　また今後期待することとして、「学級内の役割や人間関係が固定

化しているので、各児童の個性が発揮できるような集団になって欲しい」という希望が語られました。

♣ セッション1の見立てとミソドラマの準備

《見立て》
　先生の意見と発達段階を考慮すると、このクラスの子どもは、個人差が大きく、それぞれの速度で、子どもから大人へと変化している状態がうかがえます。そして様々な個性を持った子どもが、クラスという1つの集団に何とか収まっていることが考えられました。

　そこでは担任の先生が、子どもの集団をきめ細やかに母親のように包んでいるとも感じられました。安定した世界がある中で、そこからはみ出したり様々な成長進度を持った子どもたちのズレが、クラスの中の"うまくいかなさ"として起こっていると考えられます。

　つまりこのクラスは、バリエーションに富んだ多様性を持ち、それらが刺激し合い変容が起こってくる段階だと考えられます。

　またクラス内には固定化しがちな人間関係や役割がすでに存在しており、その枠組みに刺激を与え、人間関係に新たな動きをもたらすようなセッションが必要であると見立てました。

《ミソドラマの準備》
　そこでセッション2のミソドラマで使う物語については、ある場所から見知らぬ土地へ出発するという要素、色んな個性を持ったキャラクターが登場し、その中で大きな災難にぶつかるという要素を組み込むことにしました。

子どもたちの想像力が刺激されるように、紙芝居には物語と関係のない絵柄を多く加え作成します。これらの要素によって、子どもたちは自分が入り込みやすいキャラクターを選択して、ミソドラマを行うことができます。
　それに加え、他のキャラクターとどのように共同して物語を作り上げていくかというところに、子どもたちの想像力が発揮されると考えられました。

♣ セッション2　ミソドラマ①

《物語の読みきかせ》
　セッション2は、自由に動くことのできる十分な広さのある教室で行いました。1人の男が様々な個性を持った仲間たちと未知の世界に冒険に出るという物語を用いてミソドラマを演じ、グループごとに劇を発表してもらいました。
　まず、プロジェクトのメンバーが児童に挨拶をし、自己紹介をしました。
　次にウォーミングアップのために、「挨拶ゲーム」と「動物もの真似」（資料2-1参照）を行い、子どもたちがリラックスできるように体を動かしてもらいました。
　その後、子どもたちに床に座ってもらい、メンバーの1人（リーダー）が物語を語り、その傍らで別のメンバーが紙芝居をめくって見せました。
　物語の内容は、ある1人の男が旅に出かけ、お調子もの、きれいな女の人（マドンナ）、殺し屋（ギャング）といった旅の途中で出会った人々を仲間にし、宝物が隠されている島に船出をするというものでした（資料2-2-1参照）。

　物語をしばらく話した後、船出した登場人物たちが海で大嵐に遭うというクライマックス部分で話をやめ、子どもたちをワークに導入しました。

《ワーク》
　ワークでは初めに、物語の続きを個人ごとに考えてそれを絵に描いてもらいました。続いて7、8人ずつ3つの班に分かれ、順番に自分の作った話を友達に話してもらいました。
　強い力を持つ殺し屋に惹かれ興奮して話す男子、きれいな女の人が眠っている姿を描いている女子など、それぞれに抱いたイメージや、想像を掻き立てられた部分は様々でした。
　初めのうちは恥ずかしがっていた子どもも、それぞれに多様な感情や想像が湧き、次第にミソドラマに没頭していく様子が見られました。
　各個人の物語を共有した後、班ごとに話し合って、物語の終わり方とそれぞれが演じる役を決めてもらいました。なかなか意見がまとまりにくい班もありましたが、時間の制約の中で少しずつ物語が絞られていきました。
　その後、クラス全員の前で班ごとに発表してもらいました。

班	タイトル	内容
1班	スーパーマンと女の子	ギャングとタコ宇宙人に襲われた女の子が、助けてくれたスーパーマンを好きになり、告白して結婚する話。
2班	生き残った勇者	嵐の中、1人生き残った勇者が水上で宝を見つけ、死んだ者たちが生き返って幸せに暮らす話。
3班	嵐の殺し屋	ギャングが銃で男3人を殺し、宝を全部自分のものにしようとするが、上から氷が落ちてきて倒れ、結局宝を盗めないという話。

　劇を発表した後、班ごとに集まって劇で出てきたトピックについて話し合い、現実的に自分たちでできそうなコンクリートチェンジについて考えてもらいました。

　その後、話し合った内容を全体に発表してもらいました。各班の発表は、次の通りです。

　1班は、男女の関係というトピックに注目し、クラスの異性関係を省みていました。

　3班は「裏切る」というトピックに注目し、その逆に助け合うというコンクリートチェンジを考えました。

　時間が足りず、コンクリートチェンジまで考えることのできなかった班もあり、クラス全体で1つのコンクリートチェンジを選ぶことはできませんでした。

　最後に、子どもたちの作った物語や全体的な様子についてメンバー（リーダー）がフィードバックし、セッション2を終えました。

班	話し合った内容
1班	「劇をして今までより友情が深まったと思いました」 「男とか女とか関係なく、ほめたり注意したりしていこうと思いました」
2班	「宝を見つけて死んだみんなが光を浴びて生き返るというところがよかったと話し合いました」 「僕が欲しかったのは生き返るパワーです」
3班	「最後は殺し屋にみんな殺されてしまって、Aさんはハッピーエンドにして主人公が生き返って宝を持って帰りたかったと話して、B君は殺し屋をつららでそのまま落として地獄に行って、ほかのみんなは天国に行ったと言いました。これからはみんなを裏切ることを大切にして（笑）、うらぎらないことを大切にして、みんなでちゃんと助け合っていこうと思いました」

♣ セッション2の見立てとセッション3の準備

《セッション2の見立て》

　クラス全体に活気があり、難しい課題にも関わらず一生懸命取り組み、自分たち独自の物語を生き生きと表現していました。

　しかし個々に目を向けると、自分の意見を押し通そうとする、仲間に入りにくい、作業になかなか取り掛かれない、1人でワーワーと騒いでいるなど気になる子が何人かいました。

　全体の雰囲気は、クラスの中心の何人かの子どもたちが作り上げていました。また、決まったグループがいくつか存在するなど、

クラス内の人間関係が固定化している印象も受けました。

　その中で子どもたちが作った物語には「結婚」「死ぬ」「裏切り」などの要素が織り込まれ、劇では「性」や「死」のテーマが表現されていました。

　それを受けて、子どもから大人への変化の時期にあるこのクラスの子どもたちは、1つの「変わり目」にいるという意見が交わされました。そして劇に表れたそれぞれのテーマは、個人差がありながらも少しずつ芽生えてきている変化の現れであると思われました。

《セッション3の準備》

　このような見立てにより、次のミソドラマには「はんたいの国」というお話を作成しました（資料2-2-2参照）。セッション2と同じように、視覚的なギャップを盛り込んだ3枚の紙芝居を作成しました。

　主人公がそれまで正しいと思ってきた価値基準と真逆の価値基準を持つ国へ行く、というお話です。主人公と数人の登場人物たちが飛行機に乗って到着した国は、「悪いこと」が奨励される国でした。主人公はどんどん正しいと思うことをやり、最終的には「はんたいの国」の王様に謁見することになりました。

　「正しいこと」をすることだけがよいことだと信じ、「正しいこと」しか行わなかった主人公が、王様に褒めてもらおうと意気揚々と自分のしたことを説明しました。しかし逆に王様を怒らせ、とびきり悪いことをするように命じられるという場面でお話が終わるようにしました。

　セッション2で得られたそれぞれの子どもの様子を踏まえて、新たにグループを編成し直すことにしました。劇のキャラクターを演じ、表現させることにより、普段は表に出てくることのない

子どもたちの心の声を聴くことがミソドラマの1つの目的だからです。

既に決まっているグループの子たちを別々の班に振り分けたり、前回に印象的だったり目を引いた子が1つの班に固まらないように注意し、個々の班に色々なタイプの子どもたちが散らばるようにグループを作り直しました。

♣ セッション3　ミソドラマ②

ウォーミングアップには「ぐるぐる回る」と「押し相撲」を用いました。前回と同じく、体を使ったワークをして緊張がほぐれたところで話を始めると、みな集中して聞いていました。

物語が終わるとそれぞれの班に分かれて、話の続きを考えてもらいました。

前回と同じように、自分たちで作った物語の続きを各班で発表してもらいました。その後再びグループで集まり、劇の内容やトピックについて話し合いをしました。

班で話し合った内容をまとめるようにリーダーが促し、それぞれの班の代表に発表してもらいました。

4班では、自分たちが作った物語のいいところをリーダーに尋ねられ、1人が「おじいさんが自分を犠牲にして助けるところ」と答えました。その後、自己犠牲に話が絞られ、「友達が先生に怒られて、その子をかばうために自分もやったと言いに行った」という実際に起きた話から、コンクリートチェンジが考えられていきました。

次頁で、子どもたちの作った話を簡単に紹介します。

班	タイトル	内容
1班	帰ってきたスーパーマン	王様が宇宙人に捕らわれ、そこにスーパーマンが助けに来る。しかしそれはすべて正しいこと好きの男が見た夢だったという話。
2班	おかま、天使、たこやき、静かに眠れ	おかま、天使、たこやきという3人の登場人物が王様に捕らえられ、絞首刑にされてしまう。王様が最後に「おかま、天使、たこやき、静かに眠れ」と言って終わるという話。
3班	みんなみんな死んじゃった	女の人、主人公、おじいさんが王様に捕らえられ、みんな処刑されてしまう。しかし最後におじいさんが生き返って、王様に反撃するという話。
4班	ヒーローおじさん	おじいさんがとりあえず悪いことをして、捕まっていた他の登場人物を助ける。暴れん坊だけが王様に気に入られて、仲良く暮らすという話。

班	各班のコンクリートチェンジ
1班	「みんなの意見が叶うように時間を半分にして工夫する」
2班	「ルールを守って、みんなで力を合わせていきたい」
3班	「みんな優しくする」 ＊時間内に意見がまとまらず、その場で発表。
4班	「友達が怒られていて、自分も悪いことをしていたら、友達をかばうために正直に申し出る」

各班の発表後、クラス全体で発表された意見の中から1つコンクリートチェンジを選びました。子どもたちは最終的に、「怒られている友たちがいたら、それをかばって自分も正直に言う」ということを、自分たちができそうなコンクリートチェンジと決めました。

　前回に比べ、今回のセッションではグループの凝集性が高くなっており、グループからはじき出される子はおらず、それぞれが思い思いの形でグループに関わっていました。

　葛藤状況を生む話を提示しましたが、「実は夢だった」「みんな死ぬ」などの対処の仕方は未熟であり、自分たちで解決する段階ではまだないと思われました。

　しかし最後にみなに選ばれた「悪いことを隠さず、かばって助ける」というコンクリートチェンジは、子どもたちの中の葛藤を回避するのではなく、自分たちの力で解決しようとする力の芽生えを表していると考えられました。

♣ フォローアップ

　後日、担任の先生を訪ねた際、
「ミソドラマとの関連はわからないが、学級内のグループが変化したり、今までコツコツがんばってきたが目立たなかった子が注目されるようになった」
と語られました。

　また、「以前に比べ、子どもたちの優しい、温かい感じが出てきたので、こちらもお母さん的な感じで見守れるようになってきた」との言葉も聞かれました。

● A小学校の考察 ●

セッション❶ …先生から、クラスに大きな問題は見られない一方で、学級内の役割や人間関係が固定化しているため、各児童の個性が発揮できるような集団になって欲しいという願いが語られました。

また、思春期という発達段階にあることから、子どもから大人へと変化する時期だと考えられました。

セッション❷ …セッション中の劇において児童が表現したものの中には、結婚、生き返る、死ぬというテーマが出てきました。

これらに見られる、「性」や「死」のテーマは、子どもから大人に変化する時期にある子どもたちの中に、個人差がありながらも少しずつ芽生えてきている変化の表れであると思われます。

男子では、ヒーローやスーパーマンになるなど、英雄的な男性像に同一化する一方、殺し屋に惹かれる子どもも多く見られました。

全員死んでしまう、殺す、裏切るなど、「悪」の方向に向かうものが表出され、彼らの無意識が活性化しているように思われました。

一方女子では、自分が描いた絵を恥ずかしがって他の子どもに見せられないなど、自分の思いを表すことをためらっている子どもが見られました。劇中でも女性像はあまり見られませんでした。

これらのことから、女子は特定の女性像に強く同一化するよりも、どんな女性になりたいかを探っているようにも感じられました。

セッション③　…窮地を助けるヒーローや老人が登場する班が見られました。これらは、自分たちも力をつけたいという思いの表れであり、「自立」のテーマであると捉えることができます。

　また、物語の終え方が、段階を踏んで自分たちで葛藤を解決することを回避している一方、コンクリートチェンジで他者を「かばう」ことを選んでいることから、自分たちなりに葛藤状況に取り組もうとする気持ちが彼らに内在していることが感じられます。

　セッション2に比べて、グループのまとまりがよくなっており、それぞれが思い思いに関わっている様子が見受けられました。

　このことから、グループワークやその中で自分たちの気持ちを表現することが継続的に行われることで、それまでの関係に変化が生じてきたと思われます。

全　体　…ミソドラマをすることで、子どもたちの持つエネルギーが活性化され、学級の変化につながるきっかけになったとも考えられます。

　成長段階にある子どもたちは、これからも様々な課題や変化を経験することになりますが、それらを乗り越えていくことのできる力は十分に感じられました。

B中学校でのミソドラマ

B中学校へも、4回訪問しました。
2回目のミソドラマは、カードを使って行いました。
色んなやり方があることを知ってください。

♣ セッション1　学校見学と担任の先生との面談

《授業見学》

　メンバーが訪れた時は授業中でしたが、生徒たちは「わーっ」と歓声を上げ、メンバーに興味を示しました。しかし、その後すぐに気持ちを切り替え、メンバーにほとんど注意を払うことなく授業に集中し始めました。

　授業が終わってからも、メンバーに積極的に関わってくることはありませんでした。「大人しく、まじめな生徒たち」という印象を抱きました。

《担任の先生への質問》

　「クラス全体の雰囲気に対する先生の印象」「目立つ生徒や心配な生徒はいるか」「グループはどのように分かれているか」「今後のクラスへの希望」といったことをお聞きしました。

　「このクラスの生徒は、学習や課題など自分自身のことはしっかりできるけれど、他人のことや人間関係を築くことには関心が薄いように思い、そこにバランスの悪さを感じる」「グループも小さなものがいくつかはあるが、小さな塊をなくして、誰とでも協力し合えるようになればいいと思う」と、先生は話されました。

♣ セッション1の見立てとミソドラマの準備

　実際に見てきたクラスの雰囲気や、担任の先生の話を参考にしながら、クラスが全体として抱える課題やテーマについて考え、それらに合う物語作りに取り掛かりました。

　特に、先生の話にあった「人間関係を築くことへの関心が薄い」「小さいグループの塊をなくして、誰とでも協力し合えるようになればいい」という点と、メンバーが抱いた「大人しく、まじめな生徒たち」という印象に注目しました。

　そこで、このクラスの性質が刺激され、揺り動かされるような物語が有用と考え、"子どもの集団が、大人がいない中で、危機的・葛藤的な状況に見舞われる"という物語を作りました。

♣ セッション2　ミソドラマ①

《ミソドラマ》

　実施前に行ったウォーミングアップ（押し相撲とトライアングル）では、多くの生徒たちが子どもらしさを見せて自由に楽しんでいました。

　次に、作った物語を用いてミソドラマを実施しました。

　物語の内容は、「ある思春期の子どもたちの合唱団が合宿に向かったところ、指揮者の先生とはぐれて子どもたちだけで怪しげな山あいの宿に泊まることなり、そこに水が押し寄せてくる」というものです（資料2-2-3参照）。

　登場人物は真面目な「ハカセ」、調子がよく裏表のある「王子」、

周りに合わせて自分の意見が言えない「ひめちゃん」、怪しげな宿主の老人、外国人の団体客などです。

　生徒たちは、物語を聞く時も、紙芝居と物語のギャップに笑ったり、目を丸くしたり、それぞれに刺激を受けている様子でした。

　その後、1班6、7人の6グループに分かれて各班で物語の終わりを考えてから、それを個人個人に絵に表現してもらいました。そして班全体で物語の終わりについてそれぞれが考えた内容を共有した後、班で1つの絵に表現してもらいました。

　子どもたちの作ってくれたお話を簡単に紹介します。

班	内容
1班	怪物が出てきてレスキュー隊も来るが、すべて夢で目覚める。
2班	「ひめちゃんの夢で、王子が大好きだから助けてもらう夢」「バスの中で全員が同じ夢を見た」
3班	他のみんなが集まって魚に助けてもらい、すぐに終了。
4班	『伝説のおばあちゃん』 ハカセ、王子、ひめちゃんが水浸しになり困っていると、おばあちゃんが登場。「おばあちゃんのピンクの手袋があれば魔法が使える」と聞き、妖精の案内のもと手袋を取りに行く。手袋は宝箱に入っているが、みんなの力を合わせないと開かない。みんなで円になり手を合わせて「おー！」とすると箱が開き、手袋をゲット。その手袋を持って、再び妖精の先導でおばあちゃんのもとに戻る。おばあちゃんが、「魔貫光殺砲！！」と言って光線を出すと、水が氷になってみんなが助かる。
5班	3人が波に飲まれるが、夢だった。
6班	ハカセに乗ったテポドンが、怪物に当たる。

《コンクリートチェンジ》

　お話を劇として演じ、コンクリートチェンジについてディスカッションをしてもらいました。

　各班のコンクリートチェンジの内容は次の通りでした。

班	各班のコンクリートチェンジ
1班	友達のことを考えなかったりすることがあるから、友達とコミュニケーションを取ったり、相手のことを考えて行動する。
2班	他の人のいいところを見つけ、悪いところも見つけたら言うようにしていく。
3班	困ったことがあったらすぐに解決。
4班	月に1回、体を動かす集まりをする。
5班	他人の気持ちを考えて行動する。
6班	けじめをつけるために声を掛け合う。

実践例
1

事例に学ぶミソドラマ

　1班では、「消極的。みんなもっとしっかりやったら、（本当は）色々できるのに」と女子生徒が発言しました。その後、「ひめちゃんみたいに意見が変わるのはよくないと思った」「相手のことがわからないからどう行動していいかわからない」といった意見が出ました。

　そして、「友達のことを考えなかったりすることがあるから、友達とコミュニケーションを取ったり相手のことを考えて行動する」というコンクリートチェンジが考えられました。

　以上を踏まえて、クラス全体のコンクリートチェンジを投票で選びました。そこでは1班の「友達のことを考えなかったりすることがあるから、友達とコミュニケーションを取ったり、相手の

ことを考えながら行動する」が、一番多くの生徒に選ばれました。

最後に、セッション2で活性化された子どもたちの無意識的な動きやイメージが、翌日のセッション3につながっていくように、無意識的なイメージの1つである夢を見てくるという宿題を出し、セッション2を終えました。

♣ セッション2の見立てとセッション3の準備

《セッション2の見立て》

セッション2の様子を観察する中から生徒の特徴を考え、積極性やクラスの人間関係などを考慮して改めてグループを組み直しました。

セッション3では、学校の都合によって予定より短い45分という時間内でセッションを行うことになりました。

そのため、紙芝居や物語を用いずに、グループで話し合いをするきっかけになる様々な言葉が書かれたカードを使う方法をとることになりました。

《セッション3の準備》

各班ごとにセッション2の物語の中で登場したキーワードや、その後の話し合いの中で現れたキーワードが書かれたカードを複数枚用意することにしました。

それらは、生徒同士のコミュニケーションやクラスでのまとまりなどといったテーマから考えられた、「私たちのクラスは仲がいい」「私たちのクラスは世界一のクラスだ」といった言葉が書かれた10枚程度のカードと、自由に使える白紙のカードでした。

班ごとに分かれた生徒たちは、カードの中から話し合いたいテ

ーマが書かれたカードを3枚選び、そこから連想されることについて話し合いました。

　物語をクラスの持っている課題に合わせて作ることがミソドラマの特徴であるように、こうした学校やクラスの事情などに合わせてセッションの内容を設定することもミソドラマの特徴です。

♣ セッション3　カードを用いた話し合い

《ウォーミングアップ》

　セッション2と同様に、ウォーミングアップとして体を使うワークを行いました。生徒たちはセッション2で内容をある程度理解していたこともあり、初めから楽しそうな様子で取り組んでいたのが印象的でした。

　普段にない体験だからか始める前から楽しみにしている様子で、始まるとすぐにリーダーの指示に従ってワークを進めていました。

　その後、セッション2とは異なるグループに分かれ、2回目の時に宿題として出していた夢についての話を聞きました。生徒たちは、お互いに恥ずかしそうにしながら自分が前日に見た夢や記憶に残っている夢などの話をし始めました。

　リーダーに話そうとする生徒やお互いに話す姿などが見られ、それぞれに夢を話すことを楽しんでいました。

　セッション3の目的は、前回に明らかになったクラスのテーマを生徒同士の相談でより明確にして、コンクリートチェンジを話し合うことにあります。

　生徒はあらかじめ準備されたカードをもとに話し合い、コンクリートチェンジとしてグループごとにクラスで変化させていったらいいと考えることを挙げました。

《カードを用いた話し合い》

　初めはそれぞれが気になるカードを手にし、そこからクラスのテーマを現実的に考えられることについて話し合いを進めていきました。

　カード自体がメッセージ性を持ったものなので、まずはどのカードを選ぶのかが重要になります。そのため「どのカードに書かれていることを重要とするか」を選ぶことから話し合いが始まりました。

　話し合いは少ないヒントから自分たちで作り上げていく作業だったので、戸惑う様子も見られました。しかし選んだカードの文章をつなぎ合わせるところから始めて、クラスにとって重要と考えられることについて話し合いを進めていきました。

　話し合いが終わると、各班の代表者が紙に話し合った内容を書き、全体に向けて発表しました。

　挙げられたものの中から最終的に、「先生と生徒でもっと話し合ったらいいのではないか。男女で距離があるので、男女でももっと話し合えるとよい」という内容が最も多くの賛同を得て、クラス全体の目標としてのコンクリートチェンジに決定しました。

　これはセッション2でもテーマとなった、コミュニケーションに関する問題がより明確になったと考えられました。

♣ フォローアップ

　1カ月半後に再度B中学を訪問し、担任の先生にクラスの変化を聞きフォローアップしました。

　先生によると、ミソドラマのセッション後の1〜2週間、クラスの中で目標が定まって同じ方向を向いているような様子が見ら

れ、話を聞く時の姿勢や表情がよくなったということでした。

　年度の前半は学校行事に向けてクラスが1つにまとまっていたのに対し、後半は共有する目標もなく、クラスがバラバラになってしまわないかと危惧があった頃のセッションで、タイミングも合ったようです。先生は「ミソドラマが"追い風"になった」という印象を持っておられました。

　セッション1で、先生は、

　「人間関係を築くことへの関心が薄い」

　と懸念されていました。

　生徒の方もクラスで出されたコンクリートチェンジから、

　「もっと友達とコミュニケーションを取ったり、相手のことを考えて行動したい」

　「先生と生徒でもっと話し合ったらいい、男女間でももっと話し合えるとよい」

　といった気持ちを持っていることがわかりました。

　それまでは各々の心の中にしまわれていたことが、具体的な言葉としてクラス全休で共有されたことで、自然な協力関係が促されクラスがまとまった部分もあったようでした。

　このようにクラスのダイナミクスに影響したように思われる部分もありましたが、学校という集団生活の場では、常に色んな要因が混在しているので、終わった後の変化すべてがミソドラマの成果とは言えません。このことは、担任の先生の"追い風"という言葉に、的確に表れているように思われます。

　担任の先生がそういったクラスの動きを肌で感じながら、ミソドラマの実施後、一人ひとりの生徒との関係作りや、クラスマネージメントに熱心に取り組まれておられることをうかがい、今後も学校内部の力として引き継いでいって欲しい旨を伝えて終わりました。

実践例
1

事例に学ぶミソドラマ

115

● B中学校の考察 ●

セッション② …グループでの話し合いでは、一部の生徒に頼ったり、話し合いができず一部の生徒が意見を押し通すなど、主張と協調のアンバランスさが課題として浮かび上がりました。

物語の続きには、脅威の存在や救世主を求める考えも見られましたが、「最後は夢だった」で終わり問題がなかったことにされるなど、葛藤をどう扱うかがテーマとなりました。加えて、出された意見を否定しても新たに形作れなかったり、考えた物語を発表する際に変更したり、ストーリーの無い劇になるケースもありました。

こうしたことから、理想と現実との間のギャップで揺れている様子がうかがえました。一方で、大人の指示なしでは動けなかったり、「何でも私たちはできる」というムードになったり、先生に見せない表裏が出るなど、普段表出していない部分が活性化されました。

協力し合って物語の終わりを完成させた班は、物語でも協力する終わり方をし、グループの創造性を体験できたと推察されます。

夢で終わる話の班は、男女の恋愛のテーマも出るなど思春期的な性にどう触れるかという葛藤を、夢という守られた形で扱おうとする動きだと思われました。

男女が分かれた班では、男子が女子を置き去りにし物語の終わりを死や破壊的なテーマにしましたが、結局それらが劇で表現されず夢で終わる形に収まり、女子の発言の影響を受けました。

コンクリートチェンジでは女子が男子に、「いろんな人としゃべれるように」「注意が向いていなかった」と言及し、男女でグループが分かれたことを言葉にし、男女間の葛藤に触れたことも興味深い点でした。

選ばれたコンクリートチェンジからは、クラスメイトとの葛藤状態やネガティブな状況を、主体的に扱えていないことがクラス

の共通テーマだと顕在化しました。

　セッションを通して、今後どのように「主張と協調」「理想と現実」「性に触れることと男女を問わず親密にすること」の間で起きる葛藤と付き合いながら、自立した個人としてコミュニケーションするかという課題が共有されました。

　セッション❸ …セッション2よりも、具体的で直接的な話し合いがなされましたが、そうした中でも最初のウォーミングアップや夢を聞くなど、イメージや遊びといった要素を生かすのがミソドラマの特徴だと考えられます。

　イメージを通すことで、普段なら固くなってうまく話せなかったり思いつかないような「クラスの課題」も、楽しく自由な雰囲気の中で話し合えたように思われます。

　コンクリートチェンジでは、セッション2でグループに生じていた男女間の葛藤に関連する内容が選ばれたことは、興味深い点でした。セッション3を経て、さらに自分たちのあり方を見つめることで、セッション2で触れた葛藤を言語化できたと考えられます。

　「先生と生徒でもっと話し合ったらいいのでは」という内容も、セッション2で大人の指示がない中で主体的に動いたことを受け、自分たちの課題として意識し言語化するに至ったと考えられます。

　全　体 …ミソドラマを通じ、イメージや遊びを媒介としながらクラスメイトと体験を共にし、普段触れずにいた集団や異性との関係を巡る葛藤や課題を言語化・意識化し、クラス内で共有できました。

　そのことで、クラス集団の葛藤が扱いやすくなるとともに集団が活性化しました。普段しまっていた仲間とのつながりを求める気持ちも表現し、主体的に仲間と関われるようになり集団がまとまりを持ったと考えられます。

実践例
1

事例に学ぶミソドラマ

各役割の注意点

▌ウォーミングアップ ▌

　進行役として意識したことは、子どもたちが生き生きと自由な想像力を働かせてミソドラマに入っていけるように、心や身体を温めてもらうことです。導入部分なので、子どもたちはためらいや恥じらいを見せましたが、それに引っ張られ過ぎずに思い切って場を動かしていくことが大切です。

　テンポよく簡潔な言葉を使い、自身が遊び心を前面に出して楽しむことで、子どもたちにもリラックスしてワークの中に入り込んで身体の感覚や想像力を使いながら遊んでもらえます。

　だれないように新鮮さとメリハリを意識しつつ、グループ全体を見て、雰囲気が温まってきたと感じたところで毅然とした態度で終わりの指示を出して、次に移ることがポイントです。

　進行役がグループ全体に目を向けることに専念できるように、気になる子どもをサポートしてくれるメンバーがいると円滑に進められます。（永山）

▌ストーリーテラー ▌

　お話は、その世界にひたって話すことがとても大事です。一人ひとりの子どもの顔を見て、時には優しく、時には驚かせながら語りかけていくと、自然とお話の世界に熱中していきます。

　遠くを指差してみたり、急にささやいてみたり、足音の効果音を使ってみたりと、いろんな工夫ができます。（田中）

▌ファシリテーター ▌

　班での話し合いの際には、子どもたちの中に実際に入って、話し合いがうまく進むように心がけました。ただ主導権を握ってしまうと、子ども主体の話し合いにならないので、あくまで影の存在として話が脱線しないようにフォローしていくことが大切です。

　「適度」が難しいファシリテーターですが、子どもの自由な発想を生かしつつ、うまく1つのテーマに絞っていけるよう動きます。時には積極的に介入しながら、班の一員のように振る舞うことも必要です。（加藤）

資料 1

ミソドラマの
マニュアル

ミソドラマの進め方

誰もが円滑にミソドラマが進行できるマニュアルです。
クラス担任が行う場合は、
1と5のステップは省いてください。

1　クラスの状況を把握する

❶ 学校の情報を集める

> **point**
> ● **客観的なことを初めに聞く（質問項目は予め決めておく）。**
> 　例）男女の間に溝があるか、クラスの状態、具体的なエピソード。
> ● **先生の主観的な考えを聞く（主観的な情報と客観的な情報を織り交ぜながら）。**
> 　例）先生がクラスのことをどう感じているか、クラスにどうなって欲しいと思っているか。

❷ 学級見学

> **point**
> ● **可能であれば、子どもたちに話を聞く。無理なら、クラスの様子を後ろから（外側から）見学する。気になる子はいないか、全体の雰囲気はどうかなどをよく見ておく。**
> ● **訪問したメンバーそれぞれが、クラスに対する自分の印象を持っておくことが大切。**

2 方針の決定

❶ 情報共有

　①で得た情報や、訪問メンバーの印象を他のメンバーと共有する。色んな視点からこのクラスの問題を考え、物語選びに繋げる。

❷ 物語選び

> point
> ● どんな物語が、このクラスに合うのかよく考える。物語選びが結果に影響するので、しっかり選ぶ（作る）こと。テーマや登場人物の設定など、細かく決める。
> ●「この段で何を探したらいいのか」とあたふたしないように、様々な物語、ドラマ、マンガなどにアンテナを張っておく。

❸ 役割を決める

　誰がウォーミングアップをするのか、誰が物語の教示をするのか、役割を決めておく。担当者はきちんと練習し、それぞれの分担をマスターしておく。

3 ミソドラマ①

　実際にクラスに行って、2時間程度（クラスによって変化）セッションを行う。

❶ 自己紹介

メンバーがなぜこの学校に来たのか、どんなことをしに来たのかを子どもたちに簡単に説明する。その際に、クラスに対する印象なども一緒に伝える。

例えば、「いいクラスですね、でもみんなそれぞれがいろんな思いを持っているよね」など。

> **point**
>
> ●ここで大事なのは、きちんと子どもたちの注意を引きつけ、どんな様子なのかを観察しておくこと。

❷ ウォーミングアップ

リーダーとそれ以外の人に分かれて行う。

リーダーは、説明をはっきり簡潔に行う。わかりにくかったり、もじもじするとその場の雰囲気が崩れてしまう。また、長い言葉も子どもをだれさせるので、次に何をするか、すべてを頭の中に入れて進める。

リーダー以外の人は、場を乱しそうな子ども（気になる子ども）に目を配る。適宜、声をかけたり、教室から連れ出して話をしたりする。

> **point**
>
> ●2〜4種類ほど行う。初めに体を動かすものの方が、ウォーミングアップに入りやすい。子どもたちのイマジネーションを活性化しておく必要があるので、種類を色々と組み合わせるとよい。
>
> ●どのウォーミングアップがクラスに合うか考えることは大切だが、問題がある子や少数派の子に配慮し過ぎるのはよ

くない。グループの中でどのようにその子が振る舞うかも
グループの力動の1つになり、クラスを理解する上で重要
な要素になる。

例）感情を出しにくい子のために、それに触れないウォーミングアッ
プを使うことはしない。

❸ 物語

　事前準備をしっかりし、物語の教示役の人が、子どもの前で物
語を話す。物語は最後まで読まずに、クライマックスのところで
終え、その先を子どもたちに考えてもらう。

　生徒を惹きつけ、イメージの世界に入りやすいような語りが必
要なので、物語は完璧に覚えそらで言えると望ましい。

　日本人に馴染みがあり、物語にも入っていきやすいので、お話
をする手段として紙芝居を使うことがおすすめ。絵には語り手が
語ること以上の情報を加えておき、言葉で伝えることと絵で伝え
ることの間にギャップを作るとよい。

　例えば、「素敵な船で楽しくクルージングしています」と語り手
は言うが、絵では船の周りにサメが泳いでいるなど。

　語り手と別に絵を提示する人を用意し、語り手は一切絵を見ず
に絵の内容に気づかないふりをしてお話をすると、子どもはより
盛り上がる。

　1つのお話に、3〜4枚程度の絵を用意する。

┌─ point ─────────────────
●クラスに入る際には、堂々とした態度で振る舞うとよい。
　自信を持ってその場にいることが大切。
└──────────────────────

資料
1

ミソドラマのマニュアル

❹ 劇の発表

各自で物語の続きを考え、グループ内（大人が1人ずつつくのが理想的）で個人の考えた結末を互いに共有する。

最終的にみなが満足する結末にし、紙に1つの絵を書いて完成させる。グループごとに必ず話の「タイトル」も考えてもらう。

その後、1人1役を必ず演じるように役割分担し、みなの前で発表する。リーダーは子どもが演じているのをよく見ておく。

---

point

● 役割（登場人物）を何枚かカードにして用意し、自分がなりたいものを選んでもらうのもよい。また、仮面を使って演じる、人形（箱庭療法で使われるアイテムのようなもの）を使って演じるなどの工夫もよい。これらはクラスの印象や反応によって選択する。

● あくまで活動の主体は子どもで、見守る態度でいる。どうしても活動が進まないグループについても、自分たちで話し合いが進むようにうまく促していく。

---

❺ フィードバックをする

発表を見て、話し手が劇で表現されたことを解釈して、その場で子どもたちに伝える。その際、色々な視点で取り上げることが大切である。

フィードバックは、個人に関することは伝えず、グループの力動や話し合いの過程の中で起こったことに焦点を当てる。ただし個人もよく見ておく必要があり、その情報は担任以外の人がメンバーとして実施する際に、先生に対するフィードバックとして大事になる。

124

❻ コンクリートチェンジ

クラス全体で何を望むかをグループで話し合い、考えてもらう。

> **point**
> - 先生に望むもの（テストをなくして欲しい、数学の授業をなくして欲しいなど）ではなく、生徒一人ひとりがクラスに対して何を望むかや実際に取り組めるもの、自分たちが何をしていきたいかといった観点で考える。
> - 自由に話し合うことは大事だが、クラスに望むことはポジティブなものにしていくよう促す。最終的には実際に実行可能な希望にしていく（先生にも「それはできない」と拒否する権利はある）。

4　ミソドラマ②

　1時間程度行う。ミソドラマ①と流れは同じだが、ウォーミングアップや物語の内容は変える。ここでは、ミソドラマ①から何が変化したかを見ることが大事である。

　どういった問題が明らかになったのか、どう変化したのかという観点から観察する。

5　フォローアップ

　担任以外がメンバーとして実施する際には、先生にミソドラマのセッションを通してわかったことを伝える。

ミソドラマの様々なやり方

　実は、ミソドラマは様々なやり方で行うことができます。

　例えば、手順を何回かに分けて、授業時間の中に組み込んで行うこともできます。最初の回で、先生から特別な課題を用いてテーマを説明し、続く回で登場人物を紹介したり、子どもたちに詳しく想像してもらったりして、その後に物語を聞かせます。

　何回かに分けて行う場合、物語は1週間後に聞かせます。そして、手順を進め、最後に子どもたちにコンクリートチェンジを決めてもらいます。

資料 ②

そのまま使える ミソドラマ

① おすすめのウォーミングアップ

ミソドラマがうまくいくかどうかの鍵は、
ウォーミングアップにあると言っても過言ではありません。
その時の子どもたちの状況や、年齢、性別に合ったセレクトを。

❶トマトの話 （フルーツバスケットのようなワーク）

参加者は円になって椅子に座る。

3つのキーワードとその言葉に対応した動作を決める。最初は司会者がそれらのキーワードを盛り込んだお話をする。

お話の中にキーワードが出てきたら、参加者は初めに決められた動作の通り行動し、席を移動する。

椅子に座れなかった人が、次のお話を作って話す役になる。

【例】 **キーワードと動作 ➡** 「赤」で、左の椅子に移動。「青」で、右の椅子に移動。「めちゃくちゃ」で、両隣以外のイスに移動。
お話 ➡ ある晴れた日、市場にやってきました。そこではいろんなものが売られています。市場はたくさんの人でにぎわっています。向こうの方には八百屋さんが見えます。そこには赤いトマトが…。
動作 ➡ 全員が「左の椅子」に異動する。

❷接近センサー

2人1組になり、片方がもう片方の人に腕を胸の前でクロスに

組んだ状態で近づいていく。

　近づかれた方は、「ここまで！」というところで両手を胸の前に出して合図し、相手に止まってもらう。

　今度は同じことを前回に近づいていった方が、目を閉じた状態でやってみる。これを制限時間を設けて行う。体の感覚を楽しむワーク。

❸ 言葉の音楽隊

　大人数で同時にできるワーク。司会者は「あなたは飛行機の音を口で表現して」など、参加者に音色を指示していく。

　「タムタム」「ぶおーん」「ぷーぷぷー！」など、音色を口で表現してもらう。

　最後は全員で音色を出し、1つの曲を作り上げる。

❹ 押し相撲

（A小学校、B中学校で施行）

　2人1組になってペアを作り、足を肩幅に開いて、相手に手が届く距離に向かい合って立つ。

　両方の掌を相手に向け、スタートの合図で軽く押したり避けたりして、相手のバランスを崩す。先によろけた方が負け。

資料 2　そのまま使えるミソドラマ

❺ 動物もの真似

（A小学校で施行）

2人1組で、ペアを作る。片方が何かの動物になりきって相手に近づき、何の動物になっていたかを当ててもらう。

参加者が主体的に「何の動物になるか」を選ぶことが大事なポイントだが、自分で選べない場合は、ファシリテーターが動物を指定してもよい。

❻ タブロー（フランス語で絵画の意）

2、3人の小さなグループでやるのが望ましい。1人が、もう片方（あるいは残り2人）の体の部位を動かしていく。例えば、顔の向き、腕の高さ、足の位置などを動かしてポーズを決める。

動かされた方はそのままのポーズで固まり、一場面の完成とする。動かされる方は、マネキンになるイメージを持つ。

動かし手はイメージを膨らませ、どんどん場面を動かしていく。動かされる人が、動かし手に完全に身を任せることがポイントになるワーク。

❼ 真似されているのは誰？

個々の参加者に、決まった動きをしてもらう。

ファシリテーターは参加者の誰か1人を決め、その子の動作を真似、参加者は誰の真似をしているのか当てる。

　子どもは、自分に注意を向けられることを好むので、人に真似されることを喜ぶ。

　そうではない子もいるので、誰の真似をするのかは場の様子を見て慎重に選ぶ必要がある。

❽ 有名人もの真似

　ファシリテーターが有名人や有名な銅像などの真似をし、参加者に何の真似をしたか当ててもらう。

　スポーツ選手やお笑い芸人などがわかりやすく、盛り上がる。

　何の真似をしたかを当てた人が、次のもの真似をしていってもよい。

❾ ゴールに向かって走れ！

　全員が円になって座る。それぞれが、円の向こう側のどこかを自分のゴールとして決める。ファシリテーターが合図をしたら、できるだけ速くゴールまで行く。

　円の中で衝突が起きるのか、あるいはそれぞれが相手を回避するのかなど、参加者が動いた時にどんなことが起こった

かをよく観察しておくこと。

❿ 背中合わせ

小さい子どもが喜ぶワーク。

2人1組でペアを作り、背中合わせになって相手と両腕を組む。

背中をくっつけた状態のままで、立ったり座ったりを繰り返す。

制限時間を設け、時間内に何回立てたかを数えても面白い。

⓫ トライアングル

（B中学校で施行）

3人組を作り、その中の誰か1人がリーダーになる。3人で三角形の隊形を作り、その形を壊さないように維持する。

リーダーは好きなように走ったり、動いたりして、残りの2人は最初の三角形を崩さないようにリーダーについていく。

どの年代でも、盛り上がるゲーム。

⑫ 挨拶ゲーム

（A小学校、B中学校で施行）

　全員で2重の円になる。

　内側の円は右回り、外側の円は左回りに動いて、出会う人ごとに挨拶をする。挨拶の仕方はバリエーションをつける。

　例えば、「久しぶりに友達に会ったように挨拶する」「ひどく恥ずかしがりやの人のように挨拶する」「ものすごく怒りながら挨拶する」など、それぞれが面白い設定を決めて行う。

　役になりきって挨拶することが重要。ファシリテーターも参加するとよい。

⑬ ぐるぐる回る

（A小学校で施行）

　参加者全員で1つの円になる。

　司会者は、「速く走る！」「ゆっくり動く！」「反対回りに！」などと指示を出していく。

　参加者はそれに従いながら、円状にぐるぐる回っていく。

おすすめの物語と絵

A小学校とB中学校で使った物語と絵をご紹介します。
この2校と同様の課題があるクラスでは、
そのまま使っていただけます。

1 宝探しの冒険

ある街に、1人の男が住んでいました。その男はいつも暇で、"何か面白いことないかなあ"と思っていました。
　ある日の晩、男が寝ていると、夢に1人のおじいさんが出てきました。そのおじいさんは、こう言いました。
「お前にいいことを教えてあげよう。ここから遠く離れた南の島に、たくさんの宝物が隠されている。それを見つけたら、お前は幸せになるだろう」
　男は目を覚ましました後、"本当かなあ"と初めは夢の話を信じていませんでした。しかしふと枕元を見ると、何かがありました。
「あれ？　何か紙切れが落ちてるぞ。何だろう？」
　男が紙を拾うと、それは南の島に行くための地図でした。
「もしかしたら、あのおじいさんが言っていたことは本当かもしれない。よし、旅に出てみよう！」

男はまず、港に行ってみました。1人だと心細いので、旅の途中で仲間を探すことにしました。男が港に向かって歩いて

いる途中、道端で面白い芸をして、通る人たちを笑わせている男に出会いました。

男は"面白いやつだな"と思って、そのお調子ものに、

「一緒に旅をしないか」

と言うと、

「面白そうだから一緒に行きたい」

と返事があり、一緒に旅をすることになりました。

2人は長いこと歩いて、ようやく港に着きました。酒でも飲もうと酒場に行くと、きれいな女の人が乱暴者たちに襲われているのを見つけました。2人はその乱暴者たちを追い払って、女の人を助けてあげました。

女の人は、2人に礼を言った後、

「どうかお願いですから、一緒にお伴させてください」

と言いました。そこで、一緒に旅をすることになりました。

3人が船着き場に向かって歩いていると、今度は1人のギャングに出会いました。ギャングは少し怖い感じでしたが、筋肉隆々で強そうでした。そこで、一緒に来てもらうことにしました。

男たちは南の島に行くために、港で船を捜すことにしました。近くにいたおじいさんに、

「南の島に行くための船はありませんか?」

と聞くと、おじいさんの顔はサッと青ざめて、

「あそこに行くと呪われるから行くのはやめた方がいい」

と何かを怖がるように言いました。

「何としてでも、島に行きたいんです」

と男が言うと、おじいさんは、

「じゃあ、あの特別な船と、この不思議な動物をお前にあげよう」

資料
2
‥‥‥‥
そのまま使えるミソドラマ

‥‥‥ 135 ‥‥‥

と言いました。おじいさんがくれた動物は、耳がとがっていて尻尾の長い、今までに見たこともないような不思議な動物でした。

　の次の日、男は南の島に向かって船を出しました。面白い男の人と、きれいな女の人と、ギャングも一緒です。さあ、いよいよ南の島に向かって出発です！

　船の旅は、とても楽しいものでした。昼は船の上に寝そべり、果てしなく広がる海を眺めたり、のんびりと釣りをして過ごしました。

　夜はいい匂いのするおいしいごはんを食べて、みんなで楽しくおしゃべりをしました。

　空には満天の星がきれいに輝いていました。きれいな女の人は美しい声で歌を歌い、お調子ものはみんなの前で面白い芸を披露しました。

　途中、人間の匂いをかぎつけて、大きなサメが船に近付いてきましたが、男はギャングと一緒にヤリでサメを追い払いました。

　港を出発してから10日目の晩、いつものようにみんなでおいしいごはんを食べて騒いでいると、突然嵐がやってきました。みんなは大慌てで、船が沈まないように船の帆をたたみました。

　かし風はビュービューと強く吹き、波は荒々しくザッパーンザッパーンと音を立てます。船は上下左右に大きく揺れ動きます。みんな必死に甲板にしがみついて、海の中に振り落とされないようにがんばりました。

　その瞬間、「ダーンッ！！」という大きな音がして、船が大きな岩のようなものにぶつかりました。船はミシミシっと音をたて、真っ暗やみの中、甲高い悲鳴が聞こえました…。

資料 ② そのまま使えるミソドラマ

② はんたいの国

　　る街に正しいことをするのが大好きな男の人がいました。
あ　「僕は間違ったことが大嫌い。周りの人が褒めてくれるか
ら正しいことをするんだ！」

　と、道に落ちているゴミを自分から拾ったり、大きな荷物を持
っているお婆さんを助けたりといいことをして街の人たちに褒め
られるのが大好きでした。

　ある日、その人のもとに招待状が届きます。

　招待状には、『今までに見たこともない素敵な国へご招待！！』
と書かれています。

　男の人は、

「きっと僕が毎日いいことをしていたから、神様からのご褒美だ！」

　と喜んで、すぐに素敵な国行きの飛行機が待つ場所まで向かい
ました。

　　合場所に着き飛行機に乗り込むと、そこには男の人のほか
集に4人のお客が乗っていました。そのうちの1人が、

**「あー、何だってこんな小さな飛行機なんかで行くんだ！　早く
出せよ！」**

　と大声を出して騒いでいます。

　正しいこと好きな男は、

**「おい、君！　みんなが嫌がっているだろう！　大きな声を出し
て暴れるのはやめたまえ！」**

　と暴れん坊に注意しました。

　暴れん坊は、

資料
②

そのまま使えるミニドラマ

139

「ちぇ！　何だよいい子ぶりやがって」

と後ろの席に移動してしまいました。

正しいこと好きな男が、"きっとみんなが褒めてくれるだろう" と思って周りを見回すと、白いひげを生やした身なりのいいおじいさんに、

「ありがとう。君は正しいことしたよ。でも褒めてもらおうと思ってやっているのは感心できないな」

と言われました。

正しいこと好きの男は、

「いいことをしたら褒めてもらうのは当たり前だよ！　何を言ってるんだ」

とちょっと不機嫌になって、おじいさんの後ろに座っていた女の子に、

「君もそう思うだろ」

と聞きました。女の子は、

「ええ、そうね。そう思うわ」

と答えましたが、おじいさんに、

「本当にそう思うのかい？」

と聞かれると、

「いや、そうね、おじいさんの言う通りかもしれないわ」

と答えます。正しいこと好きの男は、

「何だい？　どっちなんだ？」

と聞きました。すると女の子は、

「うーん、どっちでもいいわ。多数決で多いほうの意見にする」

と言うのです。

客室乗務員から食べ物や飲み物をすすめられた時も、その女の子は、

「みんなと同じのでいい」

と言うのでした。

前の方の席には、謎の女の人がいました。彼女の洋服と大きな帽子は全部灰色で、何も言わずにみんなの様子をニヤッと笑って眺めています。

正しいこと好きの男は、その謎の女の人を見て、"何だか不気味だなぁ"と思いました。

しばらくすると、飛行機が一揺れしました。どうやら目的地に到着したようです。

5人が飛行機から降りると、何だか賑やかな声が聞こえてきました。

「素敵な国とは、どうやらあそこみたいだ」

と正しいこと好きの男はみんなを連れていきます。5人はわくわくしながらその国へと入って行きました。

門を入るとすぐに、賑やかな市場に行き当たりました。市場にはたくさんの品物が並び、人々は楽しそうにしています。きょろきょろしているうちに、正しいこと好きの男は何かを見つけたようです。

男は、

「ここはおれの出番だ！」

と言って走って行って、

「おい君、今悪いことをしただろう！　だめじゃないか！」

と注意しました。するとその人は、

「何だこいつ！　そんな正しいことをしたらいけないだろう！」

と言い返して走って行ってしまいました。

それを見て、白いひげのおじいさんは、

「何だかこの国は不思議だなあ」

資料
2

そのまま使えるミニソドラマ

と呟きました。

暴れん坊が、

「こいつはいいや」

と喜んで市場の商品を壊しても、誰も何も言いません。

女の子は、

「みんながそれでいいならいいじゃない」

と言うばかり。謎の女はじっと黙ったまま、やはりニヤリとしながらみんなの様子を見ていました。

正しいこと好きの男は、

「僕は許せない！　注意してくるぞ！」

と言って、花壇を荒らしていた人たちに注意しました。するとその人たちは、

「おい、ここに正しいことをするやつがいるぞ！　王様のもとへ連れて行け！」

と言い、5人は王様のもとへ連れて行かれました。正しいこと好きの男は王様に褒めてもらえば、たくさんご褒美がもらえると思ったので、

「王様、お会いできて光栄です。街には間違ったことばかりするやつがいるので、私が全部注意してやりました」

と報告しました。

王様は男の話をじっと聞いて、

「そうかそうか、きみは正しいことをしたんだな」

と言いました。そして続けて、

「お前たち、今からとっておきの悪いことをしなさい。さもないと、とんでもない目に遭うぞ！」

と命令してきました。

資料②　そのまま使えるミソドラマ

③水が押し寄せてくる！

今から、ある合唱団の団員たちの話をします。
　年齢はだいたい13歳から16歳くらいまでの団員の小ぢんまりとした合唱団です。

　3カ月先に大きな街で開かれるコンサートを控えて、合唱団のみんなは指揮者の先生と一緒に、合宿に行くことになりました。

「それではみんな、全員乗りましたか？　今から出発するよ」

と先生が号令をかけます。

　ハカセというあだ名の黒いメガネの男子が、

「先生、僕が人数を数えておきました。全員そろっています」

と手を挙げて答えました。

　それを見て、ある別の男子が、

「あいつってほんとに真面目すぎ。ちょっとうざいよな」

とこそこそ文句を言っています。彼はおしゃれ好きで、団の中では王子と呼ばれています。

「先生は、君たちの荷物や楽器を積んだバスで行きます。バスは子どもだけになるけれど、あまり騒ぎ過ぎないように」

と言い残して、先生はもう1台のバスに乗りました。

子どもたちだけのバス、先生と荷物のバス、2台そろって出発です。

　バスは駅前や大きな図書館の前を通り、街を抜けて、田舎の道をどんどん走っていきます。

「あの山を越えて行くんだ。そうだよな、ハカセ」

　さっきとは打って変わって、王子はハカセに仲良さげに話しか

資料
②
そのまま使えるミソドラマ

けます。

「そうだよ、あの山は何々と言って…」

それを受けて、ハカセはメガネを直しながら、詳しく説明し始めましたが、王子はすぐに他の友達の話の輪に入っていってしまいました。

バスが進むにつれて、周りの景色がどんどん変わっていきます。田んぼのそばを通り、大きな川にかかる橋を越えて、川に続く湖の周りをぐんぐん走って、いよいよ宿のある目的の山に入っていきました。

山道はなかなか険しく、バスが何度も大きく揺れます。携帯の電波も届きません。

「何かすごい山奥ね～」

バスの後ろの方の席で、女子が何人か話しています。

「ねぇねぇ、コンサートの曲、新曲がいいよね」

「えー、それより去年歌った曲の方がいいよ。ひめちゃん、どう思う？」

「私はー、去年の方がいいかな」

「えっ、ひめちゃん、昨日は新曲がいいって言ったじゃない！」

「えっ？うーん…うーん…」

ひめちゃんは困っているようです。

しばらくして、バスは山あいの村に着きました。でも何かが変な感じです。宿がぽつんと1軒あるだけで、人気もなく辺りはしーんとしています。

「先生のバスが来ないぞ！」

「ほんとだ…」

「どうしたんだろう…」

先生とは連絡が取れず、バスも既に山を下りて行ってしまっています。

　ハカセが、

「みんな落ち着いて、とりあえず宿に行くべきだ！」

　と言います。みんなは心配そうな顔をしながら、ハカセに続きました。

「すみませーん、俺たち、予約してた合唱団ですけど」

　王子が宿の奥に向かって声をかけると、奥から皺だらけの老人が現れました。

「はいはい。あんたたち、2部屋だね」

「えっ、俺たち5部屋予約してたはずですけど」

「はぁ？　今日は団体のお客さんがいるから、5部屋も貸せませんよ。食事もそんなにないですよ」

　す ると、奥の方から、どこか知らない国の言葉でがやがや騒ぐ声が聞こえました。何かおいしそうな、香ばしい匂いが漂ってきます。

「外国の人がいるのかなぁ」

「ひめちゃんどう思う？」

「えー、どうなんやろ…」

　最後に宿の老人が、

「あんたたち、夜は絶対に外に出ないでください。昼間も1人で出歩くのはだめです。すぐそこに森や川がありますでな、何があるかわかりませんからな…」

　と付け加えました。

　外では雨がざめざめと降り始め、日もとっぷり暮れて窓の外は真っ暗でした。

　団員たちは長旅でとても疲れていたので、その日はみんなすぐ

に寝てしまいました。

「**う**わぁぁぁ！大変だ！」

叫び声でみんなは目を覚ましました。

真夜中なのか、辺りはまだ真っ暗です。

「**起きたら他の奴らがいないんだ！　どこにもいないんだよ！**」

王子が部屋に飛び込んできました。

みんなが一斉に部屋の外に出ると、

「**うわっ、冷たい！**」

廊下には水があふれ、足首まで浸かっています。宿中を探して
も、いなくなった人たちは見当たりません。

それどころか、老人もいません。

「**こういう時は落ち着いてまず情報を集めるべきだ**」

とハカセが言います。

「**どうしたらいいの？　誰か大人の人はいないの？**」

ひめちゃんは、おろおろするばかりです。

その時、
"**ウウウウウー**"

とけたたましいサイレンの音が鳴り響きました。

あわてて宿の外を見てみると、

"**ゴゴゴゴー**"

という大音量の地響きとともに、水がそこまで押し寄せてきて
いるではありませんか。

資料 ② そのまま使えるミニソドラマ

memo

資料②

そのまま使えるミニソドラマ

memo

おわりに

　本書は学校現場において、子どもたちが、先生が、そしてクラスが元気になることをめざして作られたものです。

　心の問題はともすれば、暗く、難しい側面が多く、すぐには解決しないものですから、「即効薬」が欲しくなります。けれど、相手が人間である限り、そういう「即効薬」は存在しませんし、「もの」ではないのですから、「修理」ができるわけでもありません。

　教師の立場からすると、「教え、導く」教師的な側面と、「待つ」ということを主眼とするカウンセラー的な側面とを共に生きることは難しく、ともすれば切り離してしまいたくなりますが、子どもの心のなかでは、勉強することと心の問題を切り離すことができるわけもありません。教師が「教えること」だけに分離してしまうと、子どもの心の全体性とも切り離されてしまうのです。

　スクールカウンセラーも悩み多き存在です。同じ一人の子どもに接しているにも関わらず、教師との間に考え方の違いが出てくることも多く、それぞれの職種がそれぞれの専門性という考え方

のもとにばらばらに子どもに対応したのでは、子ども自身が混乱するだけでしょう。

　このように、ややこしいことを、切り離して解決したいところではあるものの、そう簡単にいくわけではなく、ここは少しがんばって、考え方の異なる2つのアプローチをつなげていく必要があるように思います。
　本書で紹介した「ミソドラマ」は、その一つの例です。そのときに、「物語」という手法、あるいは、「イメージ」というあり方が助けになってくれます。
　「即効薬」や「修理」は、相手と自分とを分離して、効率という名の下に、相手（たとえば子ども）を変えてしまおうという試みだと考えられます。そして多くの場合、それは「相手のためになる」という名目があります。しかし、子どもたちはその「変化」に抵抗します。
　たとえまだ小さくても子どもたちは「自分」というものをもっていて、その主体性を侵食するものには、断固として抵抗するのです。子どもたちのそういう力をみるとき、私は人間のすばらしさを感じます。
　とはいうものの、学校の場では、集団として秩序を保つことも大切ですし、教師として、しっかりと導き、叱らなくてはならないことも多いのです。相手の「主体性」を大切にするということと、相手の思い通りにさせることとは、まったく異なることです。

私はいつも学校の先生方に「対決のない受容は、単なる逃げ」と申し上げています。教師は教師として、スクールカウンセラーはスクールカウンセラーとして、しっかりとその役割を果たす必要があると思います。

　ですので、本書は、学校の問題に対する「即効薬」をめざして作られたものではなく、また「ミソドラマ」のマニュアル本として作られたものでもありません。あくまで、学校という場で生かせる、カウンセリング的な視点の紹介を目的としています。

　ただ、「ミソドラマ」は、なかなかにおもしろい実践ですので、もし興味をもたれた方があれば、教師の方でも、スクールカウンセラーの方でも、ぜひ一度試してみられたらどうかと思います。やり方を厳密に考えられる必要はありません。あくまでこのやり方をヒントとして、各自がその置かれた状況のなかで工夫されること、もっと言えば、そのために心のエネルギーを使われることそのものが、子どもたちの心につながることのように思います。

　学校という場ではなかなかこういうアプローチをすることは難しいと思いますが、総合学習の時間や、道徳の時間など、活用可能な時間もあるように思います。

　「劇で演じる」というと多くの人が逡巡しますが、実際には、本音や表現しにくいことを直接話すより、演じるほうがよほどやさしいものです。特に、ミソドラマの場合、「うまく」演じなければならないというような評価の視点が入りませんので、子どもたち

は、ときに不真面目になりながらも楽しんでいて、そこに、なんとなく本音が含まれていたりするのです。

　私自身は、スイス（ベルン）の研究所でアラン・グッゲンビュールをリーダーとして、このミソドラマを体験しました。とてもわくわくする体験で、今でもそのときのことを鮮明に覚えています。
　日本で、この実践をしたときに印象的だったのは、先生たちの反応でした。実際のところ、この実践をしたからクラスの問題が即座に解決したとか、クラスが劇的に変わったというわけではありませんでしたが、なんとなく前とは違うかも、という感想を持っておられたりしました。ある先生は、この実践のあと、子どもたちとの面談に工夫を加えたというエピソードを語ってくださいました。鉛筆の側面を削って、そこに生徒に聞きたい質問を書いておき、それを生徒がころころと転がして、出てきた質問に答える、という工夫をされたそうです。「前より子どもたちがよく話してくれるようになりました」と笑顔で語っておられました。
　今回の実践でもっとも「変化」されたのは先生たちだったのかもしれません。

　本書の成立にあたってはさまざまな方のお世話になりました。
　まず、協力してくださいましたA小学校、B中学校の校長先生には、心よりお礼申し上げます。ご協力なくしては、実践が成立しませんでした。

また、実践にあたっては、「スタッフ紹介」にありますアランプロジェクトのメンバーが、立案、制作、実施にいたるまで、積極的に関わってくれました。また、翻訳についても、岩城晶子さんを中心に、繰り返し、読みやすい文章になるよう、努力を積み重ねてくれました。

　幸いなことに、事例の紹介や表紙では、細川貂々さんが腕をふるってくださり、素敵な本となりました。アラン・グッゲンビュールは日本の紙芝居に接してとても感激していたのですが、本書の「マンガ」にもきっと感激してくれることと思います。

　最後まで足を引っ張り続け、長い年月がかかってしまった私を根気強く励ましてくださり、本書の成立にこぎつけてくださった、創元社の渡辺明美さん、編集の林聡子さんにも心よりお礼申し上げます。

2019年4月　　桑原知子

◆ アランプロジェクト ◆

アラン・グッゲンビュールの考案した「ミソドラマ」を研究・実践するために京都大学大学院教育学研究科の学生を中心に作られたグループ。

スタッフリスト
（五十音順）

岩城晶子　　　　　（宝塚大学看護学部　講師）
　　　　　　　　　講義1-3、実践例1-2、資料
加藤のぞみ　　　　（三重県教育委員会事務局　研修企画・支援課　教育相談班
　　　　　　　　　　臨床心理相談専門員）
　　　　　　　　　実践例1-2-3、資料
神代末人　　　　　（佛教大学学生相談センター　発達専門相談員）
　　　　　　　　　講義2
田中崇恵　　　　　（筑波大学人間系　助教）
　　　　　　　　　実践例1-2、資料
時岡良太　　　　　（甲南女子大学人間科学部　助教）
　　　　　　　　　講義1-1、実践例1-2
友尻奈緒美　　　　（大阪工業大学 学生相談室　カウンセラー）
　　　　　　　　　講義3、実践例1-1、1-3、資料
中藤信哉　　　　　（京都大学学生総合支援センターカウンセリングルーム
　　　　　　　　　　特定助教）
　　　　　　　　　実践例1-3、資料
永山智之　　　　　（兵庫教育大学大学院学校教育研究科　講師）
　　　　　　　　　実践例1-2～3、資料
濱中(旧姓:小出)文香　（南紀医療福祉センター　臨床心理士　主事）
　　　　　　　　　講義1-2、実践例1-2～3
菱田一仁　　　　　（京都橘大学健康科学部心理学科　助教）
　　　　　　　　　講義3、実践例1-3、資料
宮嶋由布　　　　　（臨床心理士）
　　　　　　　　　実践例1-2、資料

本書の感想をお寄せください
投稿フォームはこちらから ▶▶▶

◆著者・監修者・訳者紹介

著者

アラン・グッゲンビュール（Allan Guggenbühl）
IKM（葛藤解決のための研究所）所長　元チューリッヒ教育大学教授
1952年、スイス生まれ。心理学者・ユング派分析家。思春期の子どもたちの暴力や攻撃性に対する集団心理療法のエキスパート。2005年、2010年には京都大学大学院教育学研究科客員教授。ミソドラマに関するワークショップを世界各地で開催。予防的カウンセリングと総合的心理教育プログラムの普及に努めている。

監修者

桑原知子（くわばら　ともこ）
京都大学大学院教育学研究科教授　臨床心理士
京都大学教育学部卒業、京都大学大学院教育学研究科博士課程修了。スイスのユング研究所に留学。専門は、心理療法・カウンセリング・遊戯療法など多岐に渡る。
著書に『もう一人の私』（創元社）、『教室で生かすカウンセリング・マインド 教師の立場でできるカウンセリングとは』『教室で生かすカウンセリング・アプローチ』（日本評論社）などがある。

訳者

アランプロジェクト

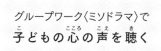

2019年7月10日　第1版第1刷発行

著　者	アラン・グッゲンビュール
監修者	桑原知子
訳　者	アランプロジェクト
発行者	矢部敬一
発行所	株式会社　創元社

本　　社　〒541-0047　大阪市中央区淡路町4-3-6
　　　　　TEL.06-6231-9010（代）
東京支店　〒101-0051　東京都千代田区神田神保町1-2 田辺ビル
　　　　　TEL.03-6811-0662（代）
　　　　　https://www.sogensha.co.jp/

印刷・製本　株式会社　太洋社

ⓒ2019, Printed in Japan　ISBN978-4-422-12067-6 C1037
〈検印廃止〉
落丁・乱丁のときはお取り替えいたします。定価はカバーに表記してあります。

JCOPY〈出版者著作権管理機構　委託出版物〉
本書の無断複製は著作権法上での例外を除き禁じられています。複製される場合は、そのつど事前に、出版者著作権管理機構（電話03-5244-5088、FAX03-5244-5089、e-mail: info@jcopy.or.jp）の許諾を得てください。

アドラー心理学で
クラスはよみがえる
叱る・ほめるに代わるスキルが身につく

アドラー心理学の第一人者が
クラス運営のオリジナルメソッドを伝授！

ロングセラー『クラスはよみがえる』のコンサイス版。
アドラー心理学の第一人者の著者が、子どもたちが協力しあうクラス運営のオリジナルメソッドを伝授します。
クラスがまとまらず子どもたちを怒ってばかりなのは、単に教師のスキルが足りないだけです。本書は、①講義、②実践、③運営の3STEPで、アドラー流の教育スキルが身につくしかけになっています。アドラー心理学の基本から、子どもたちを勇気づける言葉がけ、クラス議会のやり方まで完全マスターできます。難しいものが多いと言われるアドラー心理学本の中で、イラストや図表が満載でわかりやすくて役に立つクラス担任必携の一冊です。

野田俊作・萩 昌子

A5判・並製／144頁／本体1,400円（税別）
ISBN978-4-422-11641-9